JCA 研究ブックレット No.27

プロセス重視の地方創生

農山村からの展望

小田切 徳美・平井 太郎・図司 直也・筒井 一伸◇著

I 農山村の動態——今、なぜ「プロセス重視」か？

小田切 徳美

本書の課題である「プロセス重視の地方創生」を論じるに当たって、まず、この間の「平成期」における農山村の動きをまとめてみたいと思います。もちろん、それぞれの農山村は個性的な展開をしていますが、次のような共通する動きを経たところも少なくありません。

1 農山村の動態

(1) 地域づくり

平成の時代が始まったばかりのバブル経済の時期は、農山村も「リゾートブーム」に沸いていました。ところが、このブームは、バブル経済の崩壊とともに一気にしぼみ、逆に地域経済に打撃を与えました。それに加えて、リゾート法により国立公園や森林、農地の土地利用転換の規制緩和が図られたため、開発予定地が未利用地として荒廃化し、それが国土の大きな爪痕として、いまも残されています。

こうした平成最初の約10年間のバブル経済下の混乱とその後遺症の中から、農山村に登場したのが「地域づくり」と呼ばれる活動です。とりわけその体系化を意識したのが、1997年からはじまる鳥取県智頭町の「ゼロ分のイチ村おこし運動」だと言われています(注1)。地域の内発力により、①主体形成、②コミュニティ再生、③経済(構造)再生を一体に実現しようとした住民主体の挑戦でした。これに賛同した行政(智頭町)が、集落への手上げ方式による一括交付金の複数年支払いなどの新しいタイプの支援を設置したこともあり、全国から注目されました。

そのため、この地域づくりの動きは、全国の農山村に広がり、①から③を一体的に進めようとする取り組みは各地で見られるようになりました。実は、この3つは、①＝ひと（人材）、②＝まち、③＝しごとと、後の地方創生の3要素とぴったりと重なります。

このような地域づくりの進展が、バブル経済崩壊以降の時期と重なり合うのは偶然ではありません。この間の農村のリーダーの中には、リゾート開発に振り回された反省から、「地域は内発的にしか発展しない」という覚悟が生まれ、それが原動力となっていたからです。

（2）田園回帰・関係人口

平成の終わりの10年間はそこに「援軍」が生まれました。若者を中心とした都市の人々の移住であり、ご存じのように、それは「田園回帰」と呼ばれています。少し古い数字ですが、筆者等の全国調査（ＮＨＫ・毎日新聞・明治大学共同調査）では、２０１４年度の移住者は約1万2千人にも及び、２００９年度からの5年間で4倍になっています（注2）。

ところが、数字の上では、この動きが、人口の東京圏一極集中に歯止めをかけていないことから、「そんな動きが、いくら太くなっても『糸』のようなものに過ぎない」という批判もあります。確かに、年間約1万2千人という数字はそのような議論を呼び起こしてもおかしくありません。しかし、その批判は、移住者の質的側面を見逃しています。特に、Ｉターン移住者は地域に対して共感を持ち、それを選択して参入しています。また、Ｕターン組でも、選択して地元に戻る決意をした者が大多数でしょう。これらの場合には移住者は単なる頭数を超えた力となり得ます。また、その発信力は、ＳＮＳなどの手段により、従来見られないレベルとなり、それがさらに移住者を呼び込むケースがあります。こうした人々が、

（注1）その詳細は、岡田憲夫・杉万俊夫・平塚伸治・河原利和『地域からの挑戦』（岩波書店、２０００年）及び拙著『農山村は消滅しない』（岩波書店、２０１４年）・第4章を参照のこと。

（注2）小田切徳美・中島聡・阿部亮介「移住者総数、5年間で約4倍に――移住者数の全国調査（第2回全国調査結果より）」『ガバナンス』２０１６年3月号。

地域づくりに「よそ者」として参加して、さらに農山村を輝かしている事例もあります。それは「地域づくりと田園回帰の好循環」と言ってよいでしょう。

そして、この田園回帰傾向は、最近話題の関係人口も無関係ではありません。この提唱者のひとりである指出一正氏(『ソトコト』編集長)は、「関係人口とは、言葉のとおり『地域に関わってくれる人口』のこと。自分のお気に入りの地域に週末ごとに通ってくれたり、頻繁に通わなくても何らかの形でその地域を応援してくれるような人たちである」(注3)とし、農山村などに関心を持ち、何らかの関わりを持つ人々をそのように呼んでいます。

地域に対する行動のこのような幅広い捉え方は、今まで見えなかったことを可視化します。頻繁に地域に通う人もいれば、地域にはアクセスはしないものの、思いを深める者もいるというように、人々の地域へのかかわり方には大きな多様性があることが明らかになります。移住だけでない、地域への多様な関わりが、「平成期」に顕在化した特徴なのでしょう(注4)。

そして、田園回帰とは、この関係人口の厚みと拡がりの上に生まれた現象であると理解することができます。つまり、若者をはじめとする多彩な農山村への関わりがあり、そのひとつの形として移住者が生まれているのです。逆に言えば、この裾野の拡がりがなければ、地方移住はいまほど活発化していなかったのではないでしょうか。

(3)「にぎやかな過疎」

こうした動きの延長線上に、一部の農山村で生まれているのが、筆者が「にぎやかな過疎」(注5)と呼んでいる状況です。ここ数年、農山村を歩くと、「過疎地域にもかかわらず、にぎやかだ」という印象を持つことがあります。人口データを見る限りは依然として過疎であり、高齢者の死亡による自然減少が著しいために、人口減少のトレンドはむしろ加速化していたりします。しかし、地域内では小さいながら、新たな動きが沢山起こり、なにかガヤガヤしている雰囲気が伝わってくるのです。

例えば、徳島県美波町。ここでは、移住促進のためのサポートが早くから行われていましたが、そこにサテライトオフィスという形での仕事の持ち込みが生まれ、それを支援する会社も設立されました。そして、そのように移住した若者が祭りをはじめとする各種の地域活動に参加する姿も見られます。また、複数の飲食店も新規開業しています(注6)。同じような状況は福島県三島町、愛知県東栄町、鳥取県智頭町、島根県邑南町、山口県阿武町、同県周防大島町などにも見られます。

当然のことながら、これは移住者や関係人口だけが作りだしたものではありません。やはり、その中心となっているのは、農山村の地元住民であり、先に見た、内発的な地域づくりの取り組みがそこに位置付いています。その場合、都市部から訪ねてくる人々を、地域住民は、積極的に「応援団」として捉える姿勢が重要となっています。「壁」を作らずに、グリーンツーリズムや地域運営組織の実践に彼らを巻き込んでいるようです。

つまり、「にぎやかな過疎」のステージに立つプレイヤーは、①開かれた地域づくりに取り組む地域住民を中心にして、②地域で自ら「しごと」を作ろうとする移住者（その候補としての地域おこし協力隊）、③何か地域に関われないかと動く関係人口に加えて、④これらの動きをサポートするＮＰＯや大学、そして⑤ＳＤＧｓにより地域貢献活動を再度活発化しはじめた企業もそれに加わる可能性もあります。

こうした多彩なプレイヤーが交錯するのが「にぎやかな過疎」であり、その結果、人口減少下でも、地域にいつも新しい動きがあり、人が人を呼ぶ、しごとがしごとをつくるという様相（人口減・人財増）が、先の美波町をはじめとするい

（注３）指出一正『ぼくらは地方で幸せを見つける』（ポプラ社、２０１７年）、２５０頁。
（注４）こうした点については、田中輝美『よそ者と創る新しい農山村』（筑波書房、２０１７年、ＪＣ総研ブックレット№19）でいち早く指摘されています。
（注５）小田切徳美「にぎやかな過疎をつくる」『町村週報』２０１９年1月7日号、２０１９年。
（注６）美波町におけるこの一連の動きについては吉田基晴『本社は田舎に限る』（講談社、２０１８年）を参照のこと。

くつかの地域で生まれているのです。それは、徐々に横展開も見せていますが、日本全体の農山村から見れば、少数派です。さらなる拡がりが期待されます。

2　地域づくりのポイント

このように駆け足で、「平成期」の農山村の動きを振り返りましたが、これにより見えてくることがあります。それは、継続的な人口減少傾向から、しばしば、この時期を一面的に「衰退期」とする理解がされていますが、それは必ずしも実態を反映していません。人口減少の中でも、都市の若者をはじめいろいろプレイヤーが動き出しています。しかも、確認すべきは、こうした動きの中心には、必ず地域づくりのうねりがあることでした。

そこで、その地域づくりには何が必要か、各地の実践からまとめてみたいと思います。主に、次の3点が指摘できます。

第1に、地域振興の「内発性」です。その直前の時期に、農山村で進んだ大規模リゾート開発は、典型的な外来型開発でした。外部資本により、カネも意思も外部から注入され、地域の住民は土地や労働力の提供者に過ぎなかったのです。そうではなく、自らの意思で地域住民が立ち上がるというプロセスを持つことが特に意識されています。

第2に、「総合性・多様性」です。リゾートブームの下では、都市で発生したバブル経済がそのまま持ち込まれ、経済面に著しく傾斜した地域活性化が意識されていました。また、どこでも同じような開発計画がならぶ、「金太郎アメ」型の地域振興もその時期の特徴でした。そのような単品型・画一的な地域活性化から、福祉や環境等を含めた総合型、そして地域の実情を踏まえた多様性に富んだ取り組みへの転換が求められています。地域づくりでは、基盤となる地域資源やその歴史、構成する人に応じて、地域の数だけ多様な発展パターンがあると言えます。

第3には、「革新性（イノベーティブ）」も欠かせません。地域における困難性を地域の内発的エネルギーにより対応していくとなれば、必然的に従来とは異なる新たな仕組みが必要となります。先に見た、外部から来る人びとに「壁を作らない」「応援団として積極的に捉える」という考え方も、そのひとつの例と言えるでしょう。

そして、この「内発性」「総合性・多様性」「革新性」という要素に加えて、「プロセス重視」も重要な要素となります。そもそも、「地域づくり」は「づくり」という用語がそのニュアンスを伝えているように、その過程をも表す言葉です。言葉が生まれた時から、その点は意識されていたと考えられますが、最近ではその点が特に重要視されています。

3　なぜ「プロセス重視」か——本書の課題

それはなぜでしょうか。いくつかの要因が重なっています。

ひとつは、行政による「ＫＰＩ」重視に対する異論です。ご存じのように、このＫＰＩ（Key Performance Indicators、重要業績指標）は最近の政府の計画の中で重視されており、地方創生でも例外ではありませんでした。それは、プロジェクトの進捗管理を行う上で、しばしば見られる手法です。しかし、これを適切に利用しないと、量的成果のみにこだわるという弊害が生まれてしまいます。例えば、自治体の「地方版総合戦略」で移住者数をＫＰＩとした地域では、どうしても移住者の実数を増やすことが先行し、丁寧なマッチングなどはおざなりにされてしまう傾向が生まれることがあります。このことから、ＫＰＩだけでなく、実践のプロセスや多様な因果関係に注目する重要性が指摘され始めています。

ふたつは、一般の会社等のプロジェクトマネージメントで実践されている「プロセスデザイン」の影響もあります(注7)。それは、プロジェクトの実施にあたって、そのプロセスを特に重視し、「プロセスそのものに価値を置く」と説明されています。そのため、そこには「プロセスの品質」という概念も生まれています。つまり、成果の「質」の追求は当然として、そのためにプロセス自体が高品質でなくてはならないという考え方です。各自治体の総合戦略を定めたプロジェクトは、「プロセスの品質」の視点からはどのように評価されるのか、この議論では問われています。

（注7）近年のまとまった文献としては、芝本秀徳『プロセスデザインアプローチ』（日経ＢＰ、２０１７年）を参照のこと。

以上は、地域づくりの現場から、少し遠い話でしたが、実は、現場レベルからも次のような、プロセスにかかわる「声」が挙がり始めていました。

第1に、「時間はコストではなく投資」であるという考え方です。これは特に、地域運営組織の設立プロセスが教えてくれています(注8)。地域運営組織の設立を行政(市町村)が主導する場合、しばしば「年度計画」で進められることがあります。そのため、設立に向けた地域の話し合いが、補助金の申請期限を理由に十分に行われず、いわば見切り発車でスタートすることがあります。その結果、組織の運営に地域住民の内発的な意志が十分に活かされず、行政が運営準備を担当することが常態化してしまいます。その結果、行政の思惑とはまったく逆に、住民サイドに「やらされ感」が生まれてしまうという傾向がいくつかの地域で生まれていました。そのようなことから、むしろ、スタートの時点では時間を区切らず、また補助金を理由に住民を追い立てることもなく、「じっくりと時間をかけることが将来的な大きな成果につながる」という議論を最近では聞くことができます。つまり、「かかる時間は投資」だという意識が広がり始めています。

第2に、「課題解決より主体形成を」という主張の登場です。これは、上村靖司氏(雪氷工学)により提唱されているもので、常識的に主張されている「課題解決」よりも「主体形成」を重視すべきであるという革新的な呼びかけです。上村氏は言います。「過疎化・高齢化・人口流出のように、唯一の正解がなく、かつ主体が住民である課題に対しては、他人事でなく自分事であるという認識がないかぎり、前には進みません」(注9)。そこで、氏は、①課題の顕在化→②課題の自分事化→③課題の本質の理解→④課題に向き合える主体の形成というサイクルの重要性を主張しています。もちろん、課題解決という目的を否定する訳ではありませんが、課題解決を急ぎ、ともすれば主体形成のプロセスを軽んじる行政主導の地域づくりに対する批判が意識されているように思います。ここでの主張は豪雪地域での除雪対策の実践の積み重ねの中で出てきたものだけに強いリアリティがあります。

そして、第3に、プロセスの中身としての「多様な主体の協働重視」という考え方です。この点は、むしろ、地域のプロセスや地域の時間軸を意識することが少ない国や県の政策担当者の意識への批判から生まれています。一部ではありますが、国県の政策当局には、自ら作った政策が実施されれば、地域は自動的に変わるものと思いがちな人々もいます。そうなると、いろいろな主体が関わりを持ち、協働するプロセスが見えづらくなります。視野に入るのは政策のみとなり、逆に政策への依存傾向が強まります。ポリシーメーカーの政策に対する思い込みが、本来の多様な主体の協働というプロセスの場を奪ってしまうということでしょう。そのために、そのような協働の場とプロセスを、今まで以上に重視しようという主張に出会うことが増えています。

このように、地域づくりの現場レベルからもプロセスを重視する、いわば「地域づくり版プロセスデザイン論」が生まれ始めています。

しかし、これらはまだまだ分散的に論じられており、地方創生のなかで大きな力を持つ議論にはなっていません。そこで、それを「プロセス重視」という視点でとりまとめ、「地域づくり版プロセスデザイン論」として確立することが求められています。そのことにより、先にも論じた「にぎやかな過疎」を到達点とするような農山村の地域づくりの本格的な横展開も期待されます。本書の目的をこのように設定してみたいと思います。

そこで、以下では、地域づくりの3要素であり、かつ地方創生の3要素でもある、コミュニティ（まち）、人材（ひと）、しごとのそれぞれについて、「プロセス重視」の意味を現場から掘り起こしてみたいと思います。

（注8）この点は山浦陽一『地域運営組織の課題と模索』（筑波書房、2017年、JC総研ブックレット№20）から深く学ぶことができます。
（注9）上村靖司「課題解決と主体形成」上村靖司・筒井一伸・沼野夏生・小西信義『雪かきで地域が育つ』（コモンズ、2018年）。

Ⅱ　プロセス重視のコミュニティづくり――尊重の連鎖と関わり合い

平井 太郎

ここでは第I章での「プロセス重視の視点」を受け、どのようにしたら地方創生の土台となる地域そのものが生み出されていくかに注目します。「プロセス重視の視点」に立つ考え方として、例えば企業や施設などのコンサルティング（組織開発）の分野でよく知られているのが、E・シャインの『プロセス・コンサルテーション』(注1)です。そこでは「プロセス重視の視点」を端的に、「何をすべきか以上にどうすべきか」、つまり「ｗｈａｔ以上にｈｏｗ」に注目することとしています（5頁）。そこで以下では、ちょうど地方創生をきっかけに動き出したプロジェクトについて、まずそこで「何ｗｈａｔがなされたのか」を紹介したうえで、「どうｈｏｗなされたのか」という視点から描き直します。そうすることで、事例集を読んだり事例報告を聞いたりしては捉えにくい、地域における考え方の変化を伝えたいのです。

1　何がなされたのか――「コミュニティ・セントーわきのさわ温泉」プロジェクト

青森県、下北半島の南西端に人口１５００人ほどの旧脇野沢村（現むつ市）があります。タラ漁やホタテ養殖の有数の拠点として知られ、青森のソウル・フード「煮干しラーメン」に欠かせない「焼干し」の産地でもあります。

ここに２０１８年4月開業したのが「コミュニティ・セントーわきのさわ温泉」です。「コミュニティ」と冠されるとおり、市営施設ながら運営に地域団体「わきのさわ温泉湯好会」（会員約50名、以下湯好会）が関わっています。具体的には、施設内の清掃や周辺の環境整備を担うほか、日替わりで手作りのおこわやカレーライス、パン、さらにコーヒーやスムージーなどの製造・販売も行っています。「スムージー」とあるように、温泉に隣接するガラスハウス（温室）で野菜も栽培し、その加工・販売も含め、年間１００万円程度の収入を上げはじめています。

一連の活動を担う湯好会設立のきっかけは、開業前年２０１７年3月から市主催で始まった住民ワークショップ（ＷＳ）

です。毎回30、40人の住民が集まるWSは、およそ月1回のペースで開業まで計16回開催されました。そのなかで開業後の活動イメージや担い手の掘り起こし、それらを踏まえた施設の設計、さらには開業までにWSに参加していない子どもや高齢者などを巻き込むさまざまな取組みの企画が順次、進められました。

このようにむつ市がWSを重ねたのは、この事業が国・地方創生拠点整備交付金に採択されていたからです（約9000万円）。温泉や温室は旧村時代の1981年以降、順次整備されたものでした。市町村合併（2005年）後、2009年に全面改修されますが、温泉設備自体の老朽化には抗しがたく2015年に休業しました。市ではその改修・再開を模索するなかで地方創生に注目します。ただし、国では取組みの自立性や将来性を強く求めていました。そこで、住民主体の運営体制の構築を謳って交付金の獲得を目指し、採択されたのです。

さらにWSの連続開催と並行して、2017年8月には県内外の学生・大学院生計11名が参加する「地域づくりインターンシップ」を受け入れました（7日間）(注2)。参加学生とはまず、コミュニティ・セントー開業が間近に迫っていることや住民WSで懸案となっている問題を共有しました。懸案とは例えば、温室の管理を委ねられたが、何をどう栽培・活用したらよいかなどです。そのうえで、地域住民との意見交換や独自の情報収集を重ねてもらい、「よそ者・若者」目線から提案を求めました。結果として、まさに先ほどの温室野菜による「スムージー」加工・販売などの提案を受け、ほかにも浴場を彩る壁画や組織のロゴマークなど、そのまま実現したものも少なくありません。

国交付金の対象は施設整備のみでしたが、市では国の地域振興策「集落支援員制度」を活用して、地元の20代女性、30

（注1）1969年の初版はまだ訳されておらず、内容の異なる1999年のrevisited版のみ、同名の邦題で訳されています（稲葉元吉・尾川丈一訳、白桃書房、2002年刊）。

（注2）この事業は弘前大学の提唱のもと2016年度から青森県が予算化し、弘前大学で運営しているもので、学生受入を希望する地域団体を2団体公募し、その団体と県・市町村、大学とが受入プログラムを企画・実施しています。「地域が主体」「主語は地域」であることが特徴で、一般の企業や大学などが勧めるインターンシップとは一線を画しています。応募する学生もこの4年間で県内6名から県内外11名に増え定着してきました。

代男性各1名を採用し、湯好会の活動を支援しています。市ではおおむね3年程度を、活動を軌道に乗せる助走期と想定して、50代から70代で占められる湯好会の活動の幅が広がり、財政的な基盤づくりが進むことを期待しているのです。

こうした体制構築に支えられ、コミュニティ・セントーと湯好会は順調に活動を重ねています。単純な比較はできないものの入場者数は事前計画の2倍以上の年８０００人を超え、市ではさらに体制を安定させるべく、温泉の日常管理に当たる人員を1名増員し、地元の20代女性を新たに採用しました。

2　どうなされたのか――プロセス重視の3つのポイント

以上の取組みを見て、みなさんはどうお考えになったでしょうか。実は**1**の内容は、内閣府の公開資料「地方創生と小さな拠点・地域運営組織の形成に関する取組」での紹介とほぼ変わりません。多少、具体的な数字や内容を加えたのと２０１９年5月時点の最新の動向にふれたにすぎません。

「やはり拠点が大事だ」「よそ者・若者目線が効果があるんだ」「集落支援員も合わせて使うとよさそうだ」などとお考えになったでしょうか。あるいは「ワークショップを16回もやると住民の当事者意識が醸成されるんだ」と考えた方がおられたら、相当、地域づくりに問題意識を持たれている方です。

そうなのです。地域づくりを実際に進めていくには、ワークショップをやること以上にどうやるかが欠かせません。それは、事例集からうかがえなくはないのですが、なぜスムージーを作ることになったのか、そこに地域のみなさんはどういう意味を見出しているのかなどは、どうしても「何がなされたのか」という結果に注目する事例集では伝えにくい論点です。

そこで以下では第Ⅰ章で示された「プロセス重視」の3つのポイントに沿いながら、この取組みでどのように地域のみなさんの考え方が変わっていったのかを検討していきます。第1のポイントは「多様な主体の協働重視」です。

（1）多様な主体の連携の基礎をなす「尊重の連鎖」

私が脇野沢を訪れるようになったは２０１７年４月からです。まさにコミュニティ・セントー開業にむけたＷＳの運営を、青森県を介して市から依頼され、以来開業まで14回、車で片道４時間の道のりを通いました。以後も２、３か月に１度訪ねては湯好会のみなさんと語らっています。

私が依頼された時点ですでに２回ＷＳは開催され、住民のみなさんから「こんな温泉であったらいいね」というさまざまなアイデアが寄せられていました。他方、その時点では当初、開業時期はその年の12月とされており、私が初めて臨むＷＳでは施設の設計案を固める予定が組まれていました。

私は困惑しました。市の構想では開業後、ＷＳに参加した住民を中心に運営組織を立ち上げることになっています。しかし、住民から出されたアイデアは「誰かがやればいいね」というものでした。しかも、運営組織の活動や方針と連動させるべき設備の設計は、スケジュール上それらが決まらないまま進めざるを得なくなっていました。これでは「住民主体の運営」という構想は絵に画いた餅になる——私はそう直感しました。

そこでＷＳに先立って私は市に、ＷＳの議論によっては開業時期と設計確定時期をできるだけ後ろ倒しすることを決断して

図Ⅱ-1　主語を自分たちに変えたワークショップの熱気

ほしいと依頼しました。それにより少しでも住民のみなさんが活動をイメージし、それにもとづいて設備のありようを議論する時間を稼ぎたいと考えたからです。

同時にWS当日、私は参加者のみなさんにこう呼びかけました。

「みなさんがこれまで出して下さったアイデアは主語がないですね。本当に自分がやりたい、自分だったらできるというアイデアに絞っていきませんか」。

結果として、「蕎麦打ち」「エステ」「婚活」など、30あまり出されていたアイデアは次々と消えてゆき、「温泉までのバス」「おいしい珈琲が飲める店」「浴場に絵を貼る」などに絞り込まれました。そのうえで、それらが実現できるように設備の設計案をじっくり考えませんかと呼びかけ、その声を市役所側に直接伝わるように計らいました。

しかし最初のWS終了後、もう夜9時を回っていましたが、60代のある男性から次のような不満をぶつけられました。

「みんな、そんな簡単に、やりたいなんて、言えねえのさ。生活もあるべし、年もあるべし。市の方で運営費、いくら出すか、それが分からなきゃ、誰もほんとに声挙げねえべさ」。

男性の言うことはもっともです。私は深く考えさせられました。これまで温泉には長く客として訪れていた地域のみなさんが、改修して開業するが、その代わり明日からは受付も掃除もお願いしますと急に言われては、困惑するほかありません。こうした当たり前の機微に思いを致さず、「住民の主体性」という目標を性急に共有しようとしたことに、私は恥じ入るばかりでした。

もちろん、行政の出方を探る住民のみなさんの態度を「当事者意識がない」とか「住民エゴだ」と考える方もおられるかも知れません。しかし、よくよく聞いてみるとそれは、一面的な捉え方だと気づかされます。

というのも、この男性はじめ、WSに集まる住民のみなさんは、いざとなったら受付でも掃除でもやる覚悟でいたのです。けれども、今回の話はあまりにも性急で一方的ではないかと割り切れない気持ちでいたのです。その割り切れなさは、どこから来ていたのでしょうか。言い方を変えると、なぜ住民のみなさんは、受付でも掃除でもやる覚悟でいたのでしょうか。

そう考えながら、なお男性の話に耳を傾けていると、こう続けました。

「それより、なして温泉掘らねえのさ。安くできる業者、うちらも探すし」。

この男性の提案も、少しでも施設整備費を節約できるよう貢献したい公共心に裏打ちされたものでした。同時に引っかかったのが、温泉へのこだわりです。話がややこしくなりますが、実は新たな計画では当初から、老朽化した温泉給水設備を廃棄したうえで、費用面の優位性から、掘削しなおすのではなく水道水を沸かす方式が選ばれていました。そのため「セントー」と呼ばれていたわけです。

しかし地域のみなさんにとっては、やはり温泉であり続けてほしい。それが実現するなら知恵も出すし汗もかく。それに比べれば、蕎麦屋をやるだの浴場に絵を貼るだのは枝葉のことで、どうにも力が入らない――他の参加者にもそれとなく話を聞いて回ると、住民のみなさんがおおよそこんな風に受け止めていることが分かりました。

その晩、もう11時近くなってからWSの企画者たちとそんな話をしていると、県庁の担当者が視察先で見聞きした人工温泉装置はどうだろうかとつぶやきました。全国的なビジネスホテルチェーンでも採用されているのでご存じの方もおられるでしょう。水道水を透過させると温泉成分を含有するようになる岩石の入った装置です。ああ、それは一案かも知れませんねと、私は市の担当者に、次回のWSまでに人工温泉装置の導入も検討してくださいと、工期の延長とあわせ依頼したのでした。

次のWSは2か月後開かれました。そうなのです。最初に依頼されたときは、3か月に1回くらいのペースで年3回ほど開いてくださいというお話だったのです。それはともかく、次のWSではまず開業時期を4か月遅らせること、さらに内装・外構の改修費を大幅に削れば、人工温泉装置が導入できることを、まずお伝えしました。

事前に市・県の担当者と打合せをした際には、ならば装置は導入しなくてよいとなるのではとの危惧も少なくありませんでした。WSに顔を見せる女性たちにとって特に関心の高い、厨房・飲食設備を更新する費用がほとんど残らなくなるからです。

しかし呼びかけてみると、そうした女性たちも含め、人工温泉装置の導入にはすべての参加者が賛成しました。整備費が削減された分は自分たちで何とかする、什器などは持ち寄るし手弁当で工事をしてもいいと言うのです。

開業時期の後ろ倒しにも諸手を挙げて賛成が集まりました。もともと冬に開業するというのは、寒い時期こそ温泉で温まりたいだろうとの市の配慮でした。しかし、夏でもヤマセに見舞われる脇野沢のみなさんからすると、夏冬で需要は変わらない。むしろこう言うのです。

「お客さん集めねばないして、桜の時期だば、ちょんどいい」。

そうなのです。人工温泉装置導入と開業時期後ろ倒しの2つの提案を境に、住民のみなさんの考え方は明らかに、「自分たちも温泉を運営する」に変わりはじめたのです。

もちろん1回のやり取りで急変するわけではありません。その後も運営財源問題はなかなか解決しませんでした。しかし3回目のWSでは、住民側の「自分だったらこうしたい」という提案を受け、次の回には設計変更がなされてきました。4回目のWSでは、意外と難題だった絵を浴場に飾る方法も、本来は担当でなかった設計管理部門から解決策が示されました。こうしたやり取りはその後も続いてゆきました。ここでは詳しく書けませんが、このような地域と行政との「応答」、その前提にある行政部局を横断した地域に対する「関心と配慮」こそ注目されます。

7月に開かれた4回目のWSの後でしたか、70代の女性から声をかけられました。

「毎回、何時間かけて来るんだか。えらいことだして」。

別の女性も「んだあ」と声を合わせます。うかがうと、大学や県庁の関係者がこうしばしば足を運んできたのを初めて見たと言うのです。私は恐縮すると同時に、ここにこそ住民のみなさんが変わりはじめたきっかけがあると直感しました。そうなのです。みなさんが割り切れずにいたのは、自分たちに関心が向けられていないと感じていたからでした。決して危機感や当事者意識がなくWSを重ねたわけではなかったのです。

むしろ、温泉施設をはじめ小中学校の統合や道の駅の縮小など、公共施設の閉鎖が合併以後、相次いでいることは周知の事実でした。後で調べてみなさんとも共有しましたが、合併後の10年間で、旧脇野沢村は人口が33・5％減っていました。旧むつ市が5・6％にとどまるのと大きな差があるだけではありません。同じく合併した2町や、さらに合併しなかった半島北西端の2村も、減少率はいずれも24％前後にとどまっていました。そうした「一人負け」とも言える状況は、細かな数字はともかく、住民はみなさんご存じだったのです。

だからこそ、この事業が地域にとって最後のチャンスのように受け止められ、並々ならぬ覚悟でWSに臨んでいたのでした。でなければ、毎回、わざわざ車に分乗して、30人から40人もの方たちがWSに参加しつづけたりしません。

そうした危機感を前向きに転換するにはどうしたらよいのでしょうか。なおも危機感を煽ったりいたずらに当事者意識のなさをなじったりすることでしょうか。そうではないでしょう。脇野沢で問われるべきだったのは、漠然とした人口減少ではなく、この「一人負け」の減少であり、なぜそれが生じているのかだったのです。

つまり、まずは脇野沢に本当に目が向いている、関心が寄せられている、市という基礎的な行政からだけでなく、より広域的な県からも、さらには教育の秩序で同様のヒエラルキーに位置する大学からも――そうした実感の浸透が重要だったのです。

学生のインターンシップもこのような目に見えない、脇野沢のような地域を周辺に押しやる秩序を背景にすると、その意義がより鮮明になってきます。たしかにインターンシップの受入を私が勧めたのは、いかにWSの歯車が回りはじめたとは言え、考えねばならないことが山積していた状況を、少しでも打開できるのではないかという考えからでした。設計案は乗り越えても、温泉の集客を高める手立ても考えねばならず、他方で温室の活用方法にも頭を悩ませねばなりませんでした。住民のみなさんも、もし学生が知恵を出してくれるならばありがたいと同意してくれたのです。

同時に、住民の多くは「学生さんなんか、こんなところに来ないべし」と半ばあきらめてもいました。たしかに脇野沢には1人の大学生も暮らしていません。大学に進学したらたいていの若者は戻ってきません。地域のみなさんからすると、脇野沢は大学あるいは学生という存在から見向きもされていないと実感されていたのです。

ところがフタを開けてみると、青森からだけでなく東京からも5人ずつ、さらに京都から大学院生1人の手が挙がりました。これを意気に感じたのがWS常連の70代の女性でした。元は網元の都合40畳ほども座敷のある屋敷に今は1人で暮らす女性です。「11人の飯炊きなんか、若い頃はずっとやってたして」。予想外の応募数で宿舎確保に悩んでいた私たちに、そう言って7日間の受入を申し出てくれたのでした。

さらに、やってきた学生たちの反応も、受入女性たちを動かしました。「こうやって毎朝、ちゃんとした朝ご飯があるだけで感動。何食べてもおいしい」。インドネシアか脇野沢か、大学が紹介するインターンシップ先を悩んだという1年生の女子の言葉です。その言葉は地域の女性たちに瞬く間に広がったと言います。

こうした学生たちの二重の反応――何であれ脇野沢に関心を寄せ、そして敬意を払う反応があってこそ、地域のみなさんも学生の寝食の世話をし、さらには彼ら彼女らの提案を1つでも

図 II-2 半年ぶりに旧網元邸を訪ね、実家のようになじむインターン学生たち

実現しようと努力したのです。

たんに「よそ者・若者」の声が新鮮だったとか、ましてや優れていたからではありません。何しろ、例えば「スムージー」という言葉自体、ＷＳに欠かさず足を運ぶ60代、70代の女性は聞いたこともなかったと言うのですから。学生の説明を受けても、「そんなシャレたものは、地元の年寄りは飲まねえべし」と率直に語ってもいました。それでも、学生の声を無にするわけにはいかないと、何度も試作をくり返して実際に提供してくれています。


現在の地方創生では、今回の例のように「住民の主体性」が問われています。しかしそれは出口であって入口ではありません。それを条件にした瞬間に住民も身構えます。それに対し、今回突破口になったのは、住民の関心事や地域そのものに、「住民の主体性」を求めがちな周囲が、まずは関心を寄せ敬意を払ったことでした。関心と敬意をここではまとめて「尊重」と呼びましょう。

現在、地方創生に向き合う地域には、そのような「周囲」が重層しています。枝集落からすれば中心集落、市町村合併していれば中心地区、より広域的な中枢都市、県庁所在地、ブロック中心市、そして大都市圏と秩序立って地域を取り巻いています。その主体も行政だけでなく、教育機関や医療機関、企業、場合によってはさまざまな業界、業種ごとの公益団体や非営利組織も、地方から中央へ価値づけられて重層しています。

大切なことは、価値の面で優位に立つ側からの「尊重」が、決してそこで終わらないことです。行政や大学、学生からの「尊重」に対し、住民のみなさんも「尊重」で返しています。すると行政も大学も学生も、あらためて「尊重」を返し、住民も……。「尊重」はこのように「連鎖」してゆくのです。

実際、インターンシップの学生たちの何人かはその後も、足を運んできています。市はもとより県も「尊重」を続けています。市からは管理人員の拡充のほか、新たな観光事業の協力依頼も寄せられ、県からの協力も、温泉・温室の補助熱源をバイオマス化する研究や温室の土壌分析・栽培指導などで続いています。これらはコミュニティ・セントーの継続を見通すうえで欠かせない「多様な主体との協働」と呼べます。その基礎は、インターンシップやワークショップといった仕掛けである以上に、まさしく「尊重の連鎖」に他なりません。かく言う私が足を運び続けているのも、「また来たの、大変だの」と声をかけ続けてくれるからなのです。

(2) 課題解決を超える「関わりあう主体=チーム」形成

以下、第I章で指摘された「プロセス重視」の残るポイントを足早に確認しましょう。

第2のポイントは、課題解決以上に重視されるべきは主体形成である、というものでした。この点は(1)での「当事者意識」の醸成で議論が尽くされているように見えます。ただし(1)で「多様な主体の協働」と「尊重の連鎖」に注目したように、目指されるべき「当事者」や「主体」は住民の側だけに求められるものではありません。むしろ大切なことは、地域運営組織やそこでのリーダーのような単独の主体以上に、それらを核として「関わりあう主体=チーム」が生まれることです。

この知見も私は脇野沢のみなさんから学びました。まず、湯好会の組織のあり方について、次のようなやり取りがありました。湯好会が組織されたのはインターンシップ報告会をかねたWSででした。学生受入で高まる地域の熱気をそのまま求心力にしようとしたのです。そのうえで学生の報告テーマと照らし合うように、考えねばならない温泉運営、温室運営、飲食提供、温泉までの公共交通確保の4テーマごとに部会を作り、参加者それぞれ、複数でもかまわないので所属を募りました。以降は部会ごとに少人数で議論を重ねた方がより効率的だと考えたからです。

一般の地域運営組織でもこうした機能別の部会制がとられていることはよく知られています。もっとも近年では、地域運営組織の部会制には形骸化の危険もあると指摘されていましたが(注3)、立ち上げ期には該当しないと考えてもいました。

ところが、部会制を開始してから1か月半、間を置き、ふたたび全体で進捗状況を共有するWSを開催したときのことです。60代の女性からやはり議論は全体で行いたいという声が上がりました。たしかに部会ごとに集まった方が時間の調整も効きやすいし、現場で検討できたりもします。実際に温室部会では、早くも下北半島東部でハーブ栽培をしている温室に、自費で視察に出かけたりしていました。

しかし、例えばハーブ栽培は、インターン学生からハーブティーの販売やハーブ風呂が提案されていたように、飲食提供や温泉運営部会にも関わるし、何より30、40人でわいわいしていた方が話が弾むと言うのです。なるほど、そういうこともあるのかと、部会は部会で集まりはするものの、全体共有のWSも小まめに開いてゆきましょうと、その場は引き取ったのでした。

正直に言えば、この「わいわいしていた方が話が弾む」という言葉の真意を、その時は十分には飲み込めていませんでした。それから開業を迎え、時が流れ、間もなく開業1年を迎えようとしていたときです。「最近の月例会はわいわいした感じがなくなった。またWSをやってもらいたい」という声を、3か月ほど前から耳にするようになっていました。そこで月例会にお邪魔することにしました。

あいにくその日はいつになく道が渋滞しており、たどり着いたときには、すでに会議は始まっていました。WSのように座敷に半円になって座っていません。会長・事務局長が正面に陣取り、向かい合うかたちで20人ほどの会員が机に整列しています。こちらはあくまでオブザーバーだと横の机に案内されました。これでは声は上げづらいだろうと思いながら、事務局長の説明に耳を傾けます。すると、説明が終わらないうちから、女性たちが次々と、それはこうした方がいい、あした方がいいと矢継ぎ早に声を上げるのでした。

月例会が終わるとき、開業1周年を前に地元紙記者が取材に来ており、みなさんに声をかけていました。「コミュニティ・セントーができて何がよかったですか」。すると、WSでは寡黙な印象のあった、よろず屋を営む60代の女性が次のように言ったのです。

（注3）山浦陽一『地域運営組織の課題と模索』筑波書房、2017年。

「やっとコミュニティ・セントーの良さが分かってきた気がする。大学、市の人が来るんだばって久しぶりに足さ運んで、みんなとあんでもない、こんでもないと話して。セントーさ行けば、作ってきた惣菜を並べながら、じっちゃばっちゃと話して。そいで新しい惣菜持っていって、またここへ来て、あんだこんだと言う。こういうのがコミュニティなんだって。いいもんだって」。

私はこの言葉を聞いて二重に驚きました。一つは、地域のみなさんの口から「コミュニティ・セントーがいい」と聞くとは思いも寄らなかったからです。もう一つは、「あんだこんだと話をする場がコミュニティ」という捉え方も驚きでした。まず、先にふれたように、地域のみなさんにとってあくまでここは「温泉」でなければならず、それが負担を乗り越えてこの事業に取り組む原動力になっていました。だからこそ組織の名にも「わきのさわ温泉湯好会」が選ばれていました。

そのため「銭湯」を連想される「コミュニティ・セントー」には拒否反応が強く、新たな施設の看板に掲げることにも難色が示されていました。最後は、申請計画との整合性に悩む市の立場を尊重し、温泉とセントーの併記で落ち着いたのですが、みなさんにとっては、「温泉」こそ主体性の源泉であり、「セントー」は財源を確保する方便であったとさえ言えます。

ところが忌避されていたはずの「コミュニティ・セントー」に、地域のみなさん自身があらためて意味づけを行っていたのです。しかも、市＝国の計画に謳われた「地域運営」でも「交流」でも「連携」でもない、もっとそれ以前の営みである「話す」こと、「話をできる間柄をつくる」ことだと意味づけられていました。

現在の地域では、こうした地点まで立ち戻る必要があるのでしょうか。前著(注4)でふれたように、まだ根強く長幼の序や男尊女卑、よそ者排除の感覚が残っていないとも限りません。ただ、このよろず屋のお母さんが言っているのは微細ですが、現代社会ではより顕著な声の上げにくさです。

例えば部会制が忌避されたのは、「効率性」や「目的志向」といった、現代ではごく当たり前に滑り込んでくる考え方でした。部会に分かれれば、理路整然と話せる人、行動力のある人、先を見すえて動ける人が、どうしても主導権を握ります。それが全体で集まってわいわいしていると、そうした目的に向かって効率的に議論を組み立てる人びとの声も、ごく一つの声になって埋もれてゆきます。それは年長の男性に限りません。行動力にも論理的思考にも優れた若い女性は、たしかに少なからず含まれていました。

そういう人たちばかりでなく誰もが声をあげ、そこから1つ1つの関わりあいが生まれる場――中塚雅也が地方創生で目指される「拠点」の本質として指摘していた(注5)のも、こうした場に他なりません。「コミュニティ・セントー」で重要なのは、まずは、そのような場を通じて着実に「関わりあう主体」が生み出されてきていることです。

同時に、先の女性のように、そうした場の欠如あるいは喪失(注6)こそ地域の課題であり、裏返しとして、場を保ち続けることが地域の理想だと自ずと気づかれつつあることも見逃せません。つまり、「課題解決を超える主体形成」といったとき、生み出されるべき「主体」は、互いに関わりあうだけでなく、自分たちの課題を自分たちで決められる存在だと気づかされるからです。

(3)転機を転機として捉えられる

第Ⅰ章で示された「プロセス重視」の3つ目のポイントは「時間はコストではなく投資である」というものでした。この章の立場から言えば、同じように見える結果ｗｈａｔでも、そこに至る過程ｈｏｗが異なればまったく意味が異なり、そ

(注4) 平井太郎『ふだん着の地域づくりワークショップ』筑波書房、２０１７年。

(注5) 中塚雅也『拠点づくりからの農山村再生』筑波書房、２０１９年。組織開発論でもこの考え方は「安心して声をあげられる場safety container」と呼ばれて重視されています。

(注6) 脇野沢をはじめ下北半島には月に一度の観音講の日を「女の日」と呼び、女性たちが観音堂に惣菜を持ち寄って日がな一日、仕事から離れて語り明かす風習があったと宮本常一『下北半島』(１９６７年、同友館)が伝えています。実際、筆者も２０１３年に脇野沢近くの山あいの集落で目撃しています。こうした習慣が脇野沢ではいつしか失われていました。

こでの時間の積み重ねや転機の訪れに目を配る必要があると言い換えられます。
コミュニティ・セントーの取組みはまだ2年あまりですが、印象深い出来事も起こっています。それは「蕎麦打ち」をめぐるものです。

（1）で述べたように、私の参加前のWSで出たアイデアに「蕎麦打ち」がありました。このアイデアは私にも思い入れがあるものでした。というのも、事前に提供されていたWSのまとめでは「一般的な食堂」とされていたものが、よくよく聞いてみると、「蕎麦打ち」と「惣菜の提供」などいくつかのアイデアをまとめたものだったのです。私はこれを受け前著（注7）で「アイデアはまとめずに組合せよう」と強調したのでした。

だからこそ実際、初回のWSで具体的なアイデア1つ1つについて、みなさんの本心を聞いていきました。すると「蕎麦打ち」は、それなりの票が集まったものの、発案者の60代の男性がしり込みしました。その後は、60代、70代の女性たちが飲食提供の活動を牽引するようになり、お蔵入りしたかと残念に思っていたのでした。なぜなら「蕎麦打ち」は新たな施設の集客の切り札になると、おそらくは誰しもが考えていたからです。

実はコミュニティ・セントーは、集客が期待されながら、港のある中心集落から車で5分ほど山あいに入った場所にあり、相当に集客に苦労すると考えられていました。だからこそ特に高齢者むけには公共交通の手当てが問題になっていたわけです。温泉そのものは車で15分も走れば1つは見つかる下北半島にあって、誰もが考える切り札は食の魅力です。

とは言え、脇野沢が誇る海の幸を提供するには奥まりすぎ、ただでさえ、目と鼻の先には食堂を備えた道の駅と個人経営のラーメン店があります。ただし、それらで提供されていないものが蕎麦でした。しかも、施設の目の前に広がる休耕田では、旧村時代に設立された第三セクターが転作としてソバを付け、製粉して住民に格安で販売しているというのです。これはもう蕎麦を提供するしかないと、誰もが考えていたのでした。問題は担い手です。発案者も含め、誰も蕎麦打ちすらやったことがありませんでした。そうして蕎麦屋の夢は消えたかと思われました。

ところが開業1年を控えた冬、湯好会のみなさんから「蕎麦打ち」の勉強会を始めたと耳にしました。さらに（2）でふれた月例会でも、今後は講師なしでも自分たちで道具をそろえて続けてゆくことなどが次々と決まっていきました。そう遠くない日に蕎麦が名物になっているかも知れません。

であればなぜ1年前にできなかったのかと思われるでしょう。開業に間に合っていれば、より情報発信も容易でしたし、1年前に勉強会ができなかったほど多忙だったようには見えませんでした。

しかし話を聞いてみると「今だった」というのです。それはたんに運営にも慣れ、ともに何かをなしうる間柄へと会員どうしのチーム・ビルディングが深化しただけではありません。ソバに対する国からの直接支払金の要件変更が定着するなど、それまで付加価値のある販路開拓に消極的だった第三セクターの考え方が変わり、開業前は断られた蕎麦粉の提供に前向きになりはじめたというのです。こうした小さな運動を取り巻く外部環境の変化もまた、「プロセス」を語るうえでは無視できません。

現在はむしろ、このような外部環境の変化を想定しない方が非現実的です。だからこそ、単純なインプット－アウトプットの図式で地方創生の取組みを捉えにくいのです。さらに言えば、外部環境の変化を十分想定するなら、簡単に地域の「課題」を設定できません。例えば、外国人の在留資格制度がこれほど簡単に変更され、結果として、人口減少から外国人との共生が「課題」になる地域すら現れるのが今日なのです。

であるなら大切なことは、そうした外部環境の変化を「転機」と捉え、「課題」をすえ直せるような「関わりあう主体」が生み出されていること。さらに言えば、そうした人びとが互いに小さくとも夢を語りあい分かちあっていることです。脇野沢でも、みんなで「蕎麦打ち」をしたいという夢が、コトバにされ共有されていたことが重要だったと考えられます。

（注7）平井前掲書。

（4）現場に課題設定権を取り戻す：尊重の連鎖からのチーム・ビルディングへ

以上のように「何をｗｈａｔからどうｈｏｗ」に視点を置き換えたとき、どのような展望が開けてきたでしょうか？

第1に、たしかに多様の主体の連携を生むためにも、市ばかりでなく県や大学などが関わるワークショップ、また大都市の若者が参加するインターンシップは効果的です。ですが、その前提として、多くの地域に残る、これまで行政や高等教育機関、さらに若者などから関心を向けられてきていないという実感を十分に踏まえる必要があります。まずは、そうした主体の方から地域に対する「尊重」が払われること。そこから地域の主体性も、そして何より「尊重の連鎖」が生まれ、多様な主体の連携へと自ずと展開していきます。こうした視点は、多くの地域がむきあう「人口減少」という課題設定そのものを、それぞれの地域ごとの文脈に置き換えることにもつながります。

第2に、人口減少や高齢化など地域外で設定された課題解決を押し付ける前に、自分たちで課題を設定できる主体が生まれることに目を注ぐべきです。柔らかく言えば「ビジョンの共有」(注8)がまず大切だと言い換えられます。さらに言えば、現在の地域政策では「課題は人口減少」などと国や専門家が予め設定していることを踏まえれば、「課題設定権の取り戻し」と強く言うべきです。しかも多くの地域では、その前提となる、誰もが気がねなく声を上げ、関わりあいを生み出せる場が稀薄です。まずはそうした場を設けることが、自ずと「関わりあう主体＝チーム」が生まれるきっかけになります。地方創生でも重視される「小さな拠点」も、そのような場であって初めて活発化しますし、「地域運営組織」もその機能を論じる前に、組織そのものがそうした場であり続けると活力を失わずに済みます。ただし、こうした知見が地域で納得されるのは、地域のみなさん自らが気づき、場を大切にしようと思い願うときです。この順番を大切にするのが「プロセス重視」に他なりません。

第3に、地域の外部環境の変化――法制度改正やその背後にあるグローバル経済の変動――を頭に置けば、いたずらに課題を設定したり、政策効果を測ろうとしたりすること自体、難しいです。逆に言えば、そのような変化を「転機」と捉えられる「関わりあう主体＝チーム」、そして「気がねなく語りあい関わりあう場」が生み出されていること。それこそが地方創生でまずもって進めるべきことです。そうした主体や場のかたちｗｈａｔは地域ごとに異なるに違いありません。さらに言えば、事例集あるいは本書のような概説書の内容から逸れていて当然です。脇野沢ではごくごく形式的な会議のスタイルでも、ＷＳのわいわいの良ささえ実感できていれば、お母さんたちがわいわい声を上げているのですから。

（注８）中村和彦『入門組織開発』、光文社、２０１５年。

Ⅲ　プロセス重視の「ひと」づくり
――農山村の未来を切り拓くソーシャル・イノベーターへの成長

図司　直也

1　農山村に向かった若者たちの10年――はじめに

筆者は、この間、２冊のブックレット『地域サポート人材による農山村再生』『就村からなりわい就農へ――田園回帰時代の新規就農アプローチ』を通して、「若者の田園回帰」のダイナミズムを捉えてきました。そこでは、若者たちの農山村に向かう理由が多様でありながらも、まず地域住民と関わりを持ちながら自分のやりたいことを見出し、地域の課題解決にも繋がるようななりわいを探り当てる若者たちの姿がありました（注1）。また新規就農に関しても、農業を軸としながらもそこで豊かに暮らせるような活動や地域で求められている役割を組み合わせて、多業で営もうとしたり、自分の食べるものを当たり前に作っている地元の人たちに触れて、自分も作物を作ってみようと就農に向かう若者の姿が各地にあり、彼らの存在を「なりわい就農」と表現しました（注2）。ここで言うなりわいは、本書のⅣ章で取り上げられている筒井氏の「なりわい」の議論を受けたものです。

このようにしてブックレットで取り上げた若者たちは、足元の現場の課題に向き合いながらも、都市、農村、海外をシームレスに捉え、それぞれの良さを活かして活動することで自己実現も図ってソーシャル・イノベーターへの萌芽的な姿を見せていました（注3）。

そうだとすれば、農山村に向かった若者がソーシャル・イノベーターへと成長していくプロセスとして、第1段階では、「ここに身を置いてみよう」とまず移住を試み、定住を選択していく場面があり、そこから第2段階として、「足元にある地域社会の課題に挑戦しよう」と新たな活動に踏み出す展開があったのではないかと考えます。そこで本章では、農山村に向かい、そこで10年を歩んだ、本研究会にも縁のある2人の若者の姿を通して、地域住民と関わり、足元の現場を見つめ、そこにある課題に向き合っていくプロセスを描き出してみたいと思います。

2　地域住民の暮らしから立ち上がるコミュニティづくりを目指す水柿大地さん

（1）協力する相手が見えない中で模索した協力隊活動

1人目は、『地域サポート人材による農山村再生』で取り上げた岡山県美作市の地域おこし協力隊ＯＢである水柿大地さんです。水柿さんが協力隊として農山村に赴く原点は、高校生の時に見た限界集落のドキュメンタリー番組だったと言います。東京都あきる野市出身で祖父母とともに多世代同居で賑やかに暮らしていた水柿さんは、番組が映し出したひとり暮らしのお年寄りが寂しく暮らしている農村の様子に衝撃を受けたそうです。

そこから、農村のひとり暮らし高齢者がどうやって暮らし続けられるか興味を持って、大学に進学し、大学2年生からは農山村の地域づくりを学ぶゼミに籍を置きます。そして3年生になり、自分から農村の現場に出て、そこに暮らす人たちに会いたい、と２０１０年の春に休学を決め、地域おこし協力隊制度を活用して岡山県美作市に赴きました。

水柿さんの活動地域となった美作市上山地区には、奈良時代から築かれた千枚田があり、最盛期には８３００枚の田んぼがあったと言われます。ところが、１９７０年代以降は、減反政策や集落からの人口流出により耕作放棄地が増え、すっかり笹や蔦、灌木に覆われた荒れ地となっていました。そこに２００７年、大阪に住む有志30名ほどが月に１～2度上山

（注1）図司直也『地域サポート人材による農山村再生』筑波書房、２０１４年。
（注2）図司直也『就村からなりわい就農へ――田園回帰時代の新規就農アプローチ』筑波書房、２０１９年。
（注3）若者の田園回帰におけるソーシャル・イノベーターについては、小田切徳美・筒井一伸編『田園回帰の過去・現在・未来』農文協、２０１６年の第10章「田園回帰の戦略と展望」で初めて取り上げています。

へ通い、ボランティアで草を刈り、水路掃除を手伝って棚田に水を引き、自分たちで米づくりを試みます(注4)。

このNPO法人英田上山棚田団とともに、耕作放棄田の草刈りや野焼き作業を通して、集落一帯に広がっていた棚田を再生させる活動が、水柿さんの最大の役割でした。それに加えて、藪に埋もれ放棄されていた古民家を、草を刈り払って棚田団らのネットワークを活かしてリノベーションし、コミュニティスペースとして再生させました。この家は、庭に生えるイチョウの大木から「いちょう庵」と名付けられ、協力隊2年目には高齢者向けのサロン活動の場となりました。じいちゃん、ばあちゃんと30年前の上山を撮ったドキュメント映像をみんなで見て、「盆踊りを復活したいね」という声が上がり、7年ぶりに夏祭りも復活しました。そして、3年目にはいちょう庵での飲食提供の営業許可がようやく取れ、水柿さんが住み込んでカフェ営業がスタートし、上山地区内外の多くの人たちが集まるようになりました。

この年には大学の休学期限が切れ、東京と岡山の間を夜行バスで何度も往復して、大学での学びを農山村の現場で実践に移していきます。大学では、「地域おこし協力隊のような外部人材は、地域住民や行政と相互に協力して地域づくりを進めていくのがあるべき姿」と学びます。しかし、上山では当時、英田上山棚田団による外部からの棚田再生活動が先行して、地域住民の動きはまだまだ鈍く、自分が協力する相手が地域にいなかったことに水柿さんは気づきました。

こうして水柿さんは協力隊としての任期を終了します。水柿さんは、上山に来たばかりの頃から、道端で人に出会ったら必ず車を停めて声をかけているうちに、次第に草刈りなど他所の頼まれ仕事も引き受けるようになり、上山で暮らしていくことに自信がついたと言います。その点では、自己満足して上山を離れる判断もあったかもしれません。しかし、「自分たちのような協力隊は、上山の人たちの動きをサポートする立場であるとすれば、まだ協力隊として本来の活動さえできてなかった。そのことに気づいてしまったからには、上山の人たちと関わりを持ってしまった義理と責任もあるので、もう少しここに残って活動を続けることにした」と当時の気持ちを話してくれました。

(2) 常に上山とのつながりを意識したなりわいの多業化

水柿さんは、協力隊を終えた2013年も大学4年生として週3日の東京への通学を続けることになり、任期後の稼ぎを考えるのはしんどかった、と当時を振り返ります。その中で立ち上がった仕事が、高齢者の日常生活をサポートする「みんなの孫プロジェクト」です。このプロジェクトはいわば御用聞きですが、その仕組みには水柿さんのオリジナリティが詰まっています。水柿さんは、地域住民のちょっとした困りごとや手間仕事のお手伝いだけでなく、お茶やご飯の時間を一緒に過ごして、じいちゃんやばあちゃんの話し相手にもなって、孫のような関係性を生み出していくことを大事にしています。

さらに、上山地区の外でも、岡山県内の地域や集落に対して調査研究やサポート活動を行うNPO法人みんなの集落研究所の立ち上げに声をかけてもらったことで、執行役として関わり始めます。週に1回ほどのペースで事業に関わり、県内の各地に出向くことで、地域住民が主体的に活動に取り組む現場を目にしたり、NPOの考え方や役割、また行政との協働のノウハウを学ぶ機会ができました。その他、協力隊としての活動を岩波ジュニア新書として出版する機会に恵まれ、講演や執筆の仕事にも広がってきました(注5)。

その後も、上山の周辺集落にみんなの孫プロジェクトを広げて声をかけてもらったり、農業も米づくりに加え、集約的に作れて保存も利くニンニク生産に挑戦したり、上山区として運営していたキャンプ場の運営を任されたり、と上山での

(注4) 上山集落の棚田の歴史については、久保昭男『物語る「棚田のむら」――中国山地「上山」の八百年』農文協、2015年に、また、英田上山棚田団による棚田再生活動については、協創LLP出版プロジェクト編『愛だ!上山棚田団――限界集落なんて言わせない!』吉備人出版、2011年と、英田上山棚田団『上山集楽物語――限界集落を超えて』吉備人出版、2013年に詳述されています。

(注5) 水柿大地『21歳男子、過疎の山村に住むことにしました』岩波書店、2014年。

なりわいを軸とする仕事が増えていきました。

（3）上山の暮らしにひたすら寄り添い、住民の力を引き出した水柿さんの10年

こうして移住7年目の2016年、大きなプロジェクトが動き出します。一般財団法人トヨタ・モビリティ基金が日本国内初の助成事業として、「中山間地域の生活・経済活性化のための多様なモビリティ導入プロジェクト」（通称：上山集楽みんなのモビリティプロジェクト）を採択しました。それを受けて、中山間地域が直面する過疎化、高齢化のもとで、移動の不自由の解決を目指して、棚田を活かした観光、農林業、住民生活支援の観点から4年間にわたり活動を展開させることになりました。

このうち、水柿さんは住民生活支援の分野を担当しました。そのねらいを、「上山はムラの空洞化が進む中で、自分たちのような移住者の入るスキが生まれている。地域側にも、移住者と協働する姿勢でいられるかが重要で、地域住民が活動の主体に入って行けるように、まずは隣近所で支え合える体制づくりを目指した」と話します。

そこで、まず上山の中学生以上の135名を対象に、働き先、仕事のこと、やりたいことなどを聞き取ることにしました。水柿さんたちは、協力隊の経験からリストアップできた100名あまりの生の声を時間をかけて聞くことができました。その結果、いつ農業を辞める判断を下すのか、またどのくらいの気持ちで暮らしているのかなど上山の人たちの生活実態とそこでの課題が細かく見えてきました。

さらに、嬉しい出来事として、「地域の中で働きたい」という思いを持っている地域のお母さんとの出会いもあって、活動を通して地域住民との接点が少しずつ開かれていきました。さらに、初年度末の調査報告会では、「みんなで何かやれたらいいのでは」という声が上がり、その後、勉強会や話し合いを経て、2017年5月には、「助け英田（あいだ）・しちゃろう会」が立ち上がりました。こうして住民同士での移動支援活動が始まり、上山の住民10名がドライバーとして登録し、月に7~8件程度の移動をサポートしています。

このような中で水柿さんは、２０１７年には福祉医療機構・社会福祉振興の助成事業（ＷＡＭ助成）を受け、孫プロジェクトの再強化も試みました。他の移住者をメンバーに加えた体制づくりや、地域住民への広報チラシの作成をはじめ、市の社会福祉協議会と連携して、他地域のお出かけサロンを上山で受け入れるプログラムも試行しました。また、「孫人材育成講座」を企画し、認知症や草刈り機の使い方・整備の仕方、困りごと解決の活動の事例などを取り上げて、助け合い活動のきっかけとなる学びの場も提供しました。

こうして2~3年の間に、上山では水柿さんが目指していた地元住民による活動がやっと現実の形になってきました。水柿さんは、トヨタ・モビリティ基金からの助成が期限を迎える中で、地域住民と行政、外部人材の3者が一緒にうまく持続できる仕組みができれば、と話しています。

3　山地（やまち）でのなりわい就農に自分の幸せを探る佐藤可奈子さん

（1）生き方を学ぶ池谷集落との出会いから就農、定住へ

2人目は、新潟県中越地震の復興支援ボランティアに参加したことをきっかけに、大学卒業後、集落に移住し就農した佐藤可奈子さんです。佐藤さんは、研究会の成果発表も兼ねて２０１5年3月に開催したＪＣ総研シンポジウム「農山漁村は若者をどう活かすか」に、実践報告者として登壇して頂きました。

佐藤さんは、大学3年生だった２００９年、新潟県中越地震で被災した集落への復興支援ボランティアとして十日町市の池谷集落に赴きました。中越地域の集落は、冬の積雪が3~4メートルに及ぶ豪雪地帯にあって、過疎化と高齢化が進み、さらに震災を受けて人口流出が深刻化していました。

池谷集落も、集落の住民は当時6戸13人まで減り、いわゆる限界集落と呼ばれる状況に陥って村をたたむことを考え、将来をあきらめかけていましたが、様々な形で外部からの支援を受けながら6年間でのべ２０００名を超えるボランティアを受け入れる中で、集落の存続を目指した活動へと舵を切り始めます。そんな池谷集落との出会いを佐藤さんは「限界集

落ではなく、きぼうしゅうらくだった」と表現しています(注6)。

佐藤さんは香川県の非農家出身で、大学では法学部政治学科でアフリカの紛争解決や難民支援を専門に勉強していました。夏休みにはアフリカに赴いて現場に学びますが、その大元の原因解決に携わりたいと、国際NGOのJENと出会います。当時JENは池谷集落での復興支援ボランティアを始めていて、佐藤さんは、海外で活躍するNGOが日本の小さな農村の集落でも活動をしていることに興味を持って、まず夏に農作業ボランティアに参加することにしました。

佐藤さんはその後も池谷集落に通って農作業をする中で、自分の物差しを持って歩んでいる村の人たちの姿に、池谷に根差した農業に大きな価値があることを感じ取り、「こんな大人になりたい」と共感を覚えるようになったと言います。そして、自分は池谷集落の農業やそこに暮らす人たちの生き方に学び、時代がこの先変化しても、池谷の人たちの価値観をつないで自分らしい幸せを作りたいと思い始めます。そして佐藤さんは、大学4年生の秋に内定を断って、池谷の収穫祭で「農業やります！」と宣言し、移住を決めました。

こうして大学を卒業した2011年2月に池谷集落に移住し、池谷での就農を後押ししてくれた曽根藤一郎さん（屋号：橋場さん）に付きっ切りで教えてもらいながら、田んぼ30aと畑5aで、水稲とさつまいもなど50種類以上の野菜を作り始めます。

移住2～3年目には、青年就農給付金（当時）の準備型を受けて、池谷から一番近い受入農家の大津貴夫さんのもとで農業研修に入りました。大津さんは、地元出身で水稲やナス、枝豆を生産し、すべてJAに出荷するスタンダードな形の専業農家でした。ナスは、朝早くから夜遅くまで適期に合わせて1人で黙々と進める作業も多く、このような品目を絞った集約的な営農スタイルは、棚田や段々畑で面積の小さい池谷には合わないと悩みます。

その時池谷で橋場さんが作っていたさつまいもを思い出しました。橋場さんのさつまいもは、奥さんが軽トラいっぱいに積んで十日町の街中を売り歩いて、「池谷のいもはおいしい」と定評になっていました。しかし、佐藤さんが移住して2年目に奥さんが亡くなり、橋場さん1人では重くて売り歩くこともできない状況でした。そこで、橋場さんのおいしい芋を沢山の人に届けられるよう、干し芋に加工することを思い付きます。池谷に農業研修生として滞在したことのある日本農業実践学園（茨城県水戸市）の籾山旭太さんに加工をお願いしたところ、茨城の干し芋よりおいしいという高評価も得られ、移住して4年目の２０１３年、個人事業主の農家として独立しました。

こうして十日町で新規の若手農家となった佐藤さんは、情報発信や仲間づくりも少しずつ手掛けていきます。１つは、里山での魅力ある生き方を発信する移住女子フリーペーパー「ＣｈｕＣｌｕ（ちゅくる）」を中越地域の5人の仲間たちと発行し、佐藤さんはその編集長を担いました。その活動は、全国移住女子サミットを開催するなど、都市と農村をつなぐネットワークづくりにも活かされます。そしてもう1つは、十日町市と津南町の若手農家の集まり「ちゃーはん」です。品目の異なる20～40代の若手農家が集まり、メンバーの作目を具材として、そこに異業種に携わる仲間の素材を掛け合わせていくコンセプトで活動を展開しています。これまでに、農業×編集での「農家のアイドル本ギフトブック」づくりや農業×建築での「田んぼのなかに、教室をつくる」、農業×ウェディングでメンバーの結婚式を畑で行うなど、新規就農者や移住女子の受け皿にもなるような場づくりを目指しています。

(2) 結婚、出産を経て、私らしい農業を形にした「雪の日舎」

佐藤さんは、移住して5年目前後に大きな節目を迎えます。２０１４年に結婚し、住まいを池谷から他所に移すことになり、これまで暮らしの中にあった農業から通い農業へと変化します。その翌年には、長女が誕生し、子育てにも追われるようになりました。営農のスタイルも、水稲とさつまいもに絞りながら、干し芋生産に集中する形に変えつつも、池谷にある農地への通いで負担が増し、これまでのように地域のプレーヤーとして活動することが難しくなりました。加えて仕事でも、家庭でも、地域でも自分でないとカバーできない場面が増えて、あらゆることが中途半端な状況に陥ります。

（注6）池谷集落の再生プロセスについては、多田朋孔・ＮＰＯ法人地域おこし『奇跡の集落――廃村寸前「限界集落」からの再生』農文協、２０１８年を参照のこと。

その時、佐藤さんは、「自分の幸せを記した航海図を持っていなかった」ことに気づき、自分は何をやりたかったのか、私らしく農業ができるのか、改めて問い直したと言います。そのプロセスを経て、２０１７年に、異業種の個人事業主6人で「雪の日舎」というチームを立ち上げました。

立ち上げの経緯について、佐藤さんが記した雪の日舎のＷｅｂサイトを読むと、「**作物をはぐくむ、暮らしをはぐくむ、こどもをはぐくむ。本来はぐくむことは幸せなことであるはず**」と、農村の大切なものを「はぐくむ」というキーワードで佐藤さんなりにくるみ直すとともに、師匠から受け継いだバトンを、今度は大人となった自分がその背中を自分の娘に見せていこうとする決意が伝わってきます(注7)。そして文章は次のように続きます。

「産後からずっと、娘との生活は本当に楽しかったです。けれど、それは「くらし・仕事・子育て」が地続きだからかもしれないと気づきました。

「こども1人育てるには、むら1つ必要」というアフリカのことわざがあるように、私自身、子育てするなかで「ここはみんなが親で、地域自体が保育園のようなもんだ」と話すむらの人たちに救われました。

逆に、都市の女性たちが言う生きづらさは、くらし・仕事・子育てが分断しているからだとも気づきましたし、農村の衰退を招いたもの、高度経済成長以降の人と仕事が農村から街へ移ったときに起きた分断だと思いました。

しかし、全てのはぐくみの現場である農村は、それらを地続きにできる力があります。

農村を、まるごとようちえんに見立てよう。こどもの育ちに立ち会える働き方・暮らし方がしたい人に向けて価値を届けよう。

そしてまた、この山地をこどもたちのしあわせな声で、いっぱいにしよう。

それから、「農業×子育て・保育」の可能性を探り、私自身も出産、子育てをしながら構想は続き、２０１７年、やっと形となってスタートしました。」

このような想いを抱いて、佐藤さんたちは、**「この日本のかたすみの雪国の、さらに山奥の農村から、この場所が生む目に見えない価値を大切にし、夢を語れるこの小さな農村から未来をつむぎたい」**と、「雪の日舎」というブランドを名付けました。そして、「はぐくみのそばに、里山じかんを」というコンセプトで、「こどもをまんなかにした、しあわせなはぐくみのフィールドを農村につくることで、農村の存続を目指す」ことを掲げました。

ずっと目の前の会社のことや出産、家族のことで外に出にくくなっていた佐藤さんは、２０１７年、花王株式会社が社会貢献活動としてバックアップするＮＰＯ法人ＥＴＩＣ．の社会起業家支援プログラム「花王社会起業塾」に参加しました。そこで、自分のミッション、事業戦略や計画を徹底的に議論する機会を得て、佐藤さんは、「潮流の最先端を知って衝撃だった。世の中は変わってきているのに、いつの間にか池谷から外の世界が見えなくなっていて、自分の動きも遅くなっていた」と気づかされます。

（3）山地での自分らしい幸せづくりを探り、起業に行きついた佐藤さんの10年

社会起業塾を終えた佐藤さんは、移住8年目の２０１８年9月、会社を法人化しスノーデイズファーム株式会社を設立します。干し芋加工は事業の核となり、県外のお客さんも増えて、リピーター率も高く、毎年、増産が続いています。それに伴って、生産農家も増え、畑も最初の池谷から周辺集落へと広がりますが、品質の確保が新たな課題となってきました。また加工委託を茨城に出す体制も限界に近づき、地元の和菓子屋さんや福祉施設などへの委託も考えますが、衛生管理がどこまで対応できるか、などと頭を悩ます場面が増えてきました。佐藤さんの理想とする経営は、山地（やまち）の

（注7）雪の日舎Ｗｅｂサイト「第1話　はじめまして、雪の日舎です。」https://snowdays.jp/archives/783（２０１９年6月27日閲覧）。

人たちの、家族とまわりの人で小さく営むスタイルでしたが、法人化し経営規模が次第に大きくなり、自分の立ち位置が生産の現場から次第に遠くなっていることにも思い悩みます。

こうして、自分自身がどうやったらよいのか行き詰まる中で、「中山間地域で、くらし・しごと・こそだてを地続きにし、自分に合ったしあわせを実現するにはどうすればいいのだろう?」という疑問から、トヨタ財団から2018年度に国内助成プログラム「しらべる助成」を得て、『農あるくらしと、こそだて白書』をまとめました（注8）。

様々な世代の子育て経験者に対してアンケートを行ったり、ヒアリングを重ねることで、佐藤さんなりに、農村女性が暮らし、仕事、子育てにどう向き合い、自らの幸せを描いているのかを再確認できたと言います。「私は山地で幸せになりたいだけ。その環境を作りたい。そのために、『リビング農業』として、行動やアイデアにくらしが紐づいている、小さな規模から大きな価値を生むチャレンジがしたい。だけど、どうチャレンジするのか。山地での社会実験が足りていない」と話してくれました。

こうして、山地の女性農家としての生き方を商品に込めて発信しよう、山地の暮らしや子育てを見せていこうと、まずは、「こどもおやつ」という世界観の中で、メンバーと商品化を進めています。佐藤さんは2019年6月には次女を出産し、自分でないとできないことに絞ってプロデュース役に注力し、農村に暮らす女性たちとも連携して、価値あるものを伝えていこうと、決意を新たにしています。

4　幸せに暮らし続けられる農山村に価値を見出した若者たち

本章のはじめに、農山村に向かった若者がソーシャル・イノベーターへと成長する中で、第1段階では、「ここに身を置いてみよう」とまず移住を試み、定住を選択していく場面があり、そこから第2段階として、「足元にある地域社会の課題に挑戦しよう」と新たな活動に踏み出す展開があったのではないか、というプロセスを仮説として掲げました。改めて、水柿さん、佐藤さんの移住10年をこの2つの段階を念頭に置きながら整理してみたいと思います（**表Ⅲ－1**）。

表Ⅲ-1 農山村に向かった若者たちの移住10年の歩み

水柿大地さん			佐藤可奈子さん	
		2009年	—	中越地震復興支援ボランティアとして、新潟県十日町市池谷集落を訪れ、通い始める。
大学3年生で休学し、岡山県美作市上山地区の地域おこし協力隊として着任。	移住1年目	2010年		
		2011年	移住1年目	大学卒業後、池谷集落に移住し、就農。「かなやんファーム」と名付ける。師匠の曽根藤一郎さん（屋号：橋場さん）から付きっ切りで農業を学ぶ。
協力隊に籍を置きながら、大学に復学。毎週木・金曜は東京に通う。	移住3年目	2012年	移住2年目	2年にわたり、近所の専業農家・大津貴夫さんのもとで農業研修を受ける。
協力隊の任期を終えるも、大学4年生として岡山から通学。 「みんなの孫プロジェクト」を立ち上げ。NPO法人みんなの集落研究所・執行役としても活動。	移住4年目	2013年	移住3年目	移住女子フリーペーパー「ChuCle」編集長として、里山での魅力ある生き方を発信。
		2014年	移住4年目	結婚。
		2015年	移住5年目	長女を出産。
一般財団法人トヨタ・モビリティ基金「中山間地域の生活・経済活性化のための多様なモビリティ導入プロジェクト（上山集楽みんなのモビリティプロジェクト：4年間）開始。	移住7年目	2016年		
「助け・英田しちゃろう会」発足。 WAM助成（福祉医療機構・社会福祉振興助成事業）に応募、採択され、「みんなの孫プロジェクト」をてこ入れ。	移住8年目	2017年	移住7年目	「雪の日舎」を立ち上げ、組織化を図る。 ETIC社会起業家支援プログラム「花王社会起業塾」に参加。
		2018年	移住8年目	スノーデイズファーム株式会社に法人化。 トヨタ財団国内助成プログラム「しらべる助成」を得て、『農あるくらしと、こそだて白書』をまとめる。

資料：ヒアリングをもとに筆者作成。

（注8）スノーデイズファーム株式会社『農あるくらしと、こそだて白書（ゆきのひノート特別編）』2019年。

水柿さんの場合、地域おこし協力隊として上山で活動して、**「実際に来てみたら意外とみんな豊かで、ここが人が暮らしていく場として、若い人の選択肢としてこれから先、選ばれてもいい土地なんじゃないかな」**と感じるようになったと言います（注9）。そして、**「もうちょっと「住みたい」と思ったらチャレンジできるような環境というものを作っていきたくて、そのためにはここに今、結構若い人たちが集まってきているので、そういう人たちが暮らしを成り立たせていく。モデルを一つ見せてあげることが出来ると「自分たちもこういう生き方があるんだな」というのがイメージできて、例えば地方で暮らしたいとか、こういう農村の環境で生きていきたいとか思う人ももう少し増えたらいいかなと思います」**と、自分の上山での役割を語っています。

それを体現する仕事の持ち方として、水柿さんは**図Ⅲ－１**のような絵を描いて、「上山」という大木の幹と枝葉が繋がるように、個々の仕事も「地域との関連性を意識して多業化する」ことを意識しています。また、「集落には稼ぎに直結しない仕事や集まりが数多くある」「集落の根底にある活動を疎かにしてはいけない」と、稼ぎとお金にならない地域の仕事とのバランス感覚も大事で、上山での米づくりや山仕事はまさになりわいに基づくこともこの絵で表現しています。

図Ⅲ-1　水柿さんの仕事の持ち方

資料：水柿さん作成。

しかしながら、協力隊として着任した当時の上山での活動はまだまだよそ者主導で、地元の人たちが主体的に地域の将来を考えて行動する段階ではありませんでした。それ故に水柿さんは、上山に住む人たちがこの場所で暮らし続けられるように、まずは少しでも自分たちで支え合える仕組みづくりを目指して、任期後も上山での定住を選択したのです。それがまさに、水柿さんの足元にある現場の課題でした。

それに対して、移住7年目に始まるトヨタ・モビリティ基金の事業であったり、同時期のＷＡＭ助成を通して、水柿さんは上山での住民主体の動きにようやく手応えを感じ始め、自立、継続できる仕組みを目指す段階へと進みました。

そもそも上山地区に主体性が見られなかった背景も、水柿さんなりに最近分かってきたと言います。上山地区は、隣接してリゾート開発によるゴルフ場や温泉宿泊施設の整備が進んだことで、棚田での耕作をあきらめ、働き先を変えていった時期がありました。その点では、外来型開発への依存心が長年染み付いた地域とも言え、英田上山棚田団や地域おこし協力隊のようなよそ者に対しても、その活動に委ねてきたところがあるのだろう、と地域での聞き取り調査から推察しています。

その点でも、水柿さんのこの10年は、長年の外来型発展の中で減衰していた地域の内発力を何とか食い止めたいと時間をかけて上山の人たちの暮らしに寄り添い、お互いの関係を解きほぐし、またつなぎ直す、地域サポート志向のソーシャル・イノベーターへの成長だったと言えそうです(注10)。水柿さん自身も、協力隊が能動的にやり過ぎたところを反省しつつ、上山の人たちも「やってもらう意識をひたすら作り続けてきた歴史」に気づき始めている今、移住してきた若者たち

(注9) 水柿さんの発言の太字部分は、法政大学現代福祉学部・まちづくりチャレンジ特別入試ＰＲ動画（２０１９年５月公開）における水柿さんのコメントより（非公開分も含む）引用。https://www.youtube.com/watch?v=yprol5fg1Ik&feature=youtu.be（２０１９年6月27日閲覧）。

(注10) 地域サポート人材による地域住民間の解きほぐし効果、つなぎ直し効果については、図司直也「内発的発展における地域サポート人材の可能性――新潟県中越地域の現場から」小田切徳美・橋口卓也編『内発的農村発展論』農林統計出版、２０１８年を参照のこと。

と上山の人たちとが改めて一緒に活動できる形に整えていこうとしています。このような上山のなりわいの豊かさや魅力を、自分のような若い世代が形にして、都市の若者たちを巻き込んでいくことで地域を未来に繋げられる、と水柿さんは思い描いています。

一方、佐藤さんの場合は、地域おこし協力隊のような制度ではなく、中越地震の復興支援ボランティアとして十日町市池谷集落に赴きました。そこで出会う集落の人たちは、やってくるボランティアをはじめ外部と繋がりながら、集落の存続を目指す挑戦を始めるまでに変化していて、佐藤さんは、その原動力にもなっている農業が生み出す価値観や生き方に共感して、移住、就農し、師匠である橋場さんのさつまいもを活かすべく、干し芋加工に着手しました。

しかし、結婚、出産を経ると、仕事、家庭、地域の環境が一変してしまい、自分らしい農業、地域との向き合い方、それを通した幸せの形を模索し始めます。その中で佐藤さんは「師匠の背中を追って、まず自分が農園を営む」ステージから、「今度は自分が主体となって動き、地域の中で仲間と組織化していく」ステージへと踏み出します。その軸には、「しごと、くらし、こそだての分断を、中山間地域で地続きにするライフスタイルを実現する」というミッションとともに、その生き方が地域の中で持続できるような環境づくりができれば、自分も幸せに暮らせる、と豪雪地発のライフスタイルブランド「雪の日舎」を立ち上げました。

佐藤さんに、「足元にある地域社会の課題は何か」を尋ねたところ、「自分は山地で幸せになりたいだけで、その環境を作りたい。所詮自己中心なんです」という答えが返ってきました。そこには、自分の幸せ、成長実感がベースにありながらも、花王社会起業塾に参加したり、トヨタ財団の助成を受けて農村の暮らす女性たちの声を聞いたことで、自分を含むみんなが共有できる悩みに向き合おうとする佐藤さんなりの志が示されています。しかもその先には、豪雪地発のライフスタイルブランドを通して、国を越えて生きる知恵とも出会いたいと、世界とも繋がるまなざしもあります。佐藤さんは、里山農業を通して山地に暮らす次世代とつながり、ライフスタイルを大事にする、なりわい就農志向のソーシャル・イノベーターとなりつつあるのでしょう。

こうして水柿さん、佐藤さんの10年を辿ってきましたが、それは縁のできた場所で、幸せに暮らし続けられる農山村を目指すソーシャル・イノベーターとして成長してきた10年と言えそうです。

筆者は、若者の田園回帰への入口として、農山村に暮らす人たちや、そこに内在する技術・文化への共感があると指摘してきました**〈若者から地域への共感〉**。この共感があるからこそ、彼らは地域の人たちに学び、ここに身を置こうと定住を選択していくのです。

そして今回、2人のその後のプロセスを描き出す中で、今度は**〈地域から若者への共感〉**という逆のベクトルが生まれていることに気づきました。地域の中で学んだ若者たちは、足元の課題に対して、世代の感性やアプローチでその解決に挑みますが、自分の起こした挑戦について、不安を抱えたり、展開に悩む中で、時間を要しながらもそれが地域社会の中で必要とされているという手応えを得ていることが分かります。

そこには、水柿さん、佐藤さん2人に共通して、周囲の仲間や外部のメンターが存在しました。水柿さんの場合は、上山に集まる多彩な移住者が一緒になって地域の出会い仕事や米作りに携わることで、お互いを理解し合う環境が整い、そこが新たな試みを次々に生み出す原動力になっていました。佐藤さんもまた、移住女子の活動や地元での「ちゃーはん」の活動、そして自らの会社も、価値観の合う同世代がそれぞれの暮らしを尊重しながら、すき間時間を共有して、個々の得意分野を組み合わせて展開しています。そして2人とも、自分の事業に行き詰まったタイミングで、財団のプロジェクトや企業など外部からの支援をうまく受けながら、また足元の現場の声にも接し直すことで、自らの役割を見つめ直し、戦略を練り直して事業を再構築する機会を得ていました。

このようにして、農山村に赴いた若者たちと、そこに住み続けてきた地域住民との間で、今や「共感の相互交換」が生まれ、それが地域の再生に踏み出す力に育ちつつあります。そうだとすれば、移住者が生み出す新しい価値や発想に対して、地域住民がどのように受け止め、共感していくのか、そのプロセスの詳細分析も若者の田園回帰研究の次の作業として求められそうです。

水柿さんは「一人一人の暮らしを作ることが結果的にまちを作るので、まちおこしだとか地域づくりだとかいうよりは、その人や自分がどういうことをしたいかを周りとバランスを取って調整しながらやっていく」と語っています。田園回帰の下で、世代を超えてみんなが幸せに暮らすことに思いを巡らせる若者たちが、地域住民と一緒になって、自分ごとから始まる農山村再生のきっかけを作り始めているのです(注11)。

(注11) 自分ごとから始まる農山村再生については、図司直也「共感が生み出す農山漁村再生の道筋」大森彌ほか『人口減少社会の地域づくり読本』公職研、2015年を参照のこと。

Ⅳ　プロセス重視の「しごと」づくり

――〝複線化〟されたなりわいづくりのプロセス

筒井一伸

1　田園回帰となりわいづくり

21世紀になって間もないころ、私は愛知県のある村の役場に1年間だけですが籍を置いて、移住希望者に対応をする業務をしていました。今風にいうなれば、移住支援担当の地域おこし協力隊でしょうか。農山村での生活を望む人に一定期間滞在しながら村のありのままの姿を実体験のなかで知ってもらい、移住・定住や二地域居住という道を選択してもらうことを目的とする、当時ではめずらしい移住希望者のためのお試し住宅である「短期滞在施設」を村が建設したためです。しかし同僚と話をしたことが今も忘れられません。「移住希望者が来ても〝仕事はないよ〟としかいえないよね」と。当時は林業不振に加えて、小泉構造改革のまっただなか。〝基幹産業〟の土木建設業も振るわなくなっていました。

私は、都市から農山村への移住のハードルとして「なりわい」、「コミュニティ」、「住まい」を挙げていますが、住まいとしての短期滞在施設、移住者とコミュニティとをむすぶ担当者（＝私）は事業として準備できたにもかかわらず、なりわい（しごと）についてはその対応ができなかったのです。

農山村は高度経済成長期以降、時流にあった産業に地域の労働力をあわせてきました。農林業が不振になるころから土木建設業や下請けを中心とした製造業、リゾート開発に端を発する観光業へと産業構造を政策的に転換し、地域住民に仕事を提供してきました。つまり外的な要因に影響を受けて成り立ってきた地域産業が、仕事と生活を変えてきたといっても過言ではないでしょう。しかし昨今の田園回帰の潮流からはこれまでと違う動きがみえてきました。それは地域起業や継業といった地域資源を活用しつつ、移住者（よそもの）の視点というプライオリティを活かしたなりわいづくりのあり方です。

私はこのシリーズで2冊のブックレットを世に出してきました。最初のブックレット（注1）では、NPO法人ふるさと回帰支援センターが2010年から実施した「農村の六次産業化起業人材育成事業（農村六起事業）」の取り組みを通してみえてきた地域資源活用を意識した地域起業を、「移住という地域への入り口」×「地域資源を活用したなりわいづくり」×「コミュニティや同業者によるサポート」に分解をして、移住者のなりわいづくりを地域づくりのプロセスへどうビルトインしていくかを考えました。またこのなかで、監修をした小田切が「なりわい」という概念を形式化しました。伊藤（注2）によると、なりわいとは特別な才能を必要とせず、生活の糧を得ながら同時に自分の生活を充実し得る仕事であるとし、生活と一体化した農山村での衣食住のさまざまな要素に関わる事業だとしています。それを踏まえて、移住者が生活の糧を得ることを第一の目的とする「仕事」、「仕事」に自己実現という目的を組み込んだものを「働き」、その「働き」に地域資源の活用やコミュニティとのかかわりといった要素を加味する「なりわい」と整理しました（**図Ⅳ－1**）。

また最初のブックレットのなかで、移住者が地域にあるなりわいを継承していく継業という新しい考え方を登場させました。それを受けて2冊目のブックレット（注3）では、全国の事例を丁寧に調べることで、継業を通じてコミュニティなど地域の主体が移住者のなりわいづくりにより密接にかかわっていくバトンリレーを提示しました。

このような考え方を世に問うなかで向けられてきた疑義として、地域起業に

図Ⅳ-1　「なりわい」の位置づけ

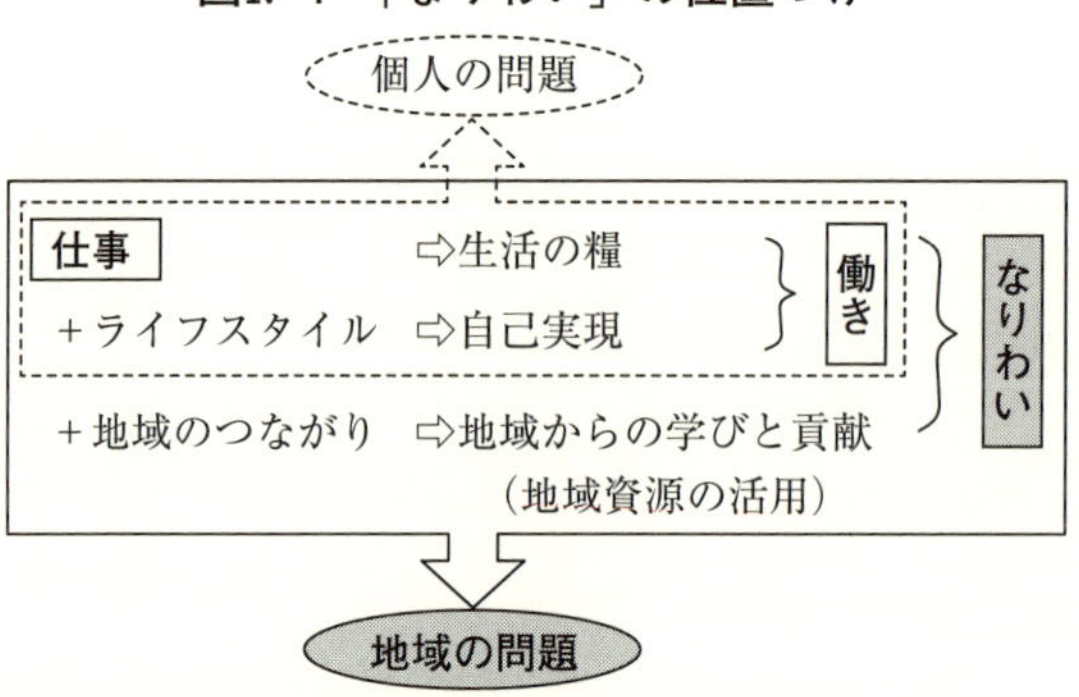

資料：（注１）の p.60 の図に加筆して作成。

しても継業にしても、移住者のなりわいづくりは「単発的（短期的な時間軸）」で「属人的（○○さんだから）」、そして「規模も小さな経済（個人単位）」というものでした。確かに2冊のブックレットでは、一つ一つのなりわいとその主人公としての移住者にクローズアップをしたためこのような反応があるのも無理はありません。そこで本章では「地域」を主人公としてこれらの疑義に対する検討をしてみたいと思います。具体的には、移住者受け入れの先発地としてたびたび取り上げられる和歌山県東牟婁《ひがしむろ》郡那智勝浦町色川地区を主人公に、移住者による小さななりわいづくりの積み重ねが、少し長いタイムスパンのなかで地域全体の産業構造の変化にどのような影響があるのかを検討するとともに、移住2世を中心とする若い世代ではじまりつつある新しい動きを紹介していきます。

2　移住者のなりわいが支える産業構造

那智勝浦町色川地区は人口327人のうち移住者が167人（2018年4月現在）と、移住者が全人口の約5割を占める「移住者受け入れの先発地」として注目されてきました。その歴史的な経緯は春原《すのはら》（注4）や原（注5）が詳述していますのでそちらを参照していただくこととして、ここでは移住者の皆さんがどのようななりわいをもっているかについて紹介をしましょう。

（注1）筒井一伸・嵩和雄・佐久間康富著、小田切徳美監修『移住者の地域起業による農山村再生』筑波書房、2014年。
（注2）伊藤洋志『ナリワイをつくる――人生を盗まれない働き方』東京書籍、2012年、および伊藤洋志監修・風来堂編『小商いのはじめかた――身の丈に合った小さな商いを自分ではじめるための本』東京書籍、2014年。
（注3）筒井一伸・尾原浩子著、図司直也監修『移住者による継業――農山村をつなぐバトンリレー』筑波書房、2018年。
（注4）春原麻子「移住者受け入れ40年の歴史」小田切徳美・筒井一伸編著『田園回帰の過去・現在・未来――移住者と創る新しい農山村』農山漁村文化協会、2016年、24～45頁。
（注5）原和男「移住者は地域の担い手になり得るか――色川への初期移住者の目から」小田切徳美・筒井一伸編著『田園回帰の過去・現在・未来――移住者と創る新しい農山村』農山漁村文化協会、2016年、46～59頁。

色川地区が移住者を受け入れはじめたのは1977年のことでしたが、当時移住者が目指したのは有機農業を行うための就農でした。しかし、田園回帰の傾向がより強まってきたこの10年ほどの移住者の現職（**表Ⅳ－1**）をみてみると、実に多くのなりわいがあることが分かります。農業や林業が多い一方、宿泊業や農機具販売などの自営や編集業など移住者のもつスキルを活かした新しいなりわいが展開されてきています。パートやアルバイトなども増加していますが、春原（注6）によると色川地区の移住者のなかには依然として農的暮らしへの志向があり、農業をしない移住者は珍しいことから、可能な規模での農業と多業化のなかでのパートやアルバイトの存在があると考えられます。ではこの傾向は色川地区の産業構造にはどのように影響をしているのでしょうか。国勢調査の結果からみてみましょう。

農山村におけるなりわいとしてイメージされるのは農業や林業といった第一次産業でしょう。色川地区におけるこの20年間の国勢調査の産業別従業者数の推移（**表Ⅳ－2**）をみると、確かに農林業の割合が4割台と高いですが、それ以外にも建設業や製造業、そして卸売業小売業や宿泊業飲食サービス業も一定程度存在することが分かります。当然のことなが

表Ⅳ-1　色川地区の移住者の現職

2007年4月1日現在		2018年6月30日現在	
農業	20	農業	14
林業	13	林業	11
土木業	1	土木業	0
建築業（大工）	1	建築業（大工）	1
介護福祉自営	1	介護福祉自営	0
経営コンサル自営	1	経営コンサル自営	1
サービス業自営	1	サービス業自営	1
製塩業自営	1	製塩業自営	0
無職	5	無職	13
主婦	1	主婦	0
観光業会社員	1	観光業会社員	1
製塩業従事	1	製塩業従事	1
その他会社員	1	その他会社員	0
僧侶	1	僧侶	1
看護師	1	看護師	1
介護師	1	介護師	1
保育士	1	保育士	2
潜水士	1	潜水士	0
店員	1	店員	0
医師	1	医師	1
画家	1	画家	1
パート	1	パート	6
		アルバイト	4
		宿泊業自営	2
		小売業自営	1
		農機具販売自営	1
		飲食業自営	1
		編集業	1
		NPO職員	1
		公務員	1
		集落支援員	1
		地域おこし協力隊	2
不明	1		
合計	58	合計	71

資料：色川地域振興推進委員会資料より作成。
注：網掛けは2018年6月30日現在ゼロになった職業。

ら、地域での生活を維持していくためには多様なサービスが必要ですし、また地域資源を活用するなりわいのあり方もさまざまです。つまり地域のなりわいはそもそも多様であるのです。次に**表Ⅳ－3**をみてください。これは国勢調査の産業別就業者数の割合を示したもので、全国の過疎指定地域全体の値と、色川地区の値とを比較しています。全国の過疎地域では第一次産業人口が減少を続け、この20年間で約14％にまでなりました。これに対して色川地区は、年により変化はあるものの2015年でも4割台を維持しており第一次産業の減少を移住者が下げ止まらせてきたといえるのではないでしょうか。そして注目すべきは第二次産業や第三次産業で、20年前の1995年と比べて過疎地域全体では第三次産業の分野の拡大（サービス経済化）がより鮮明になっていますが、色川地区では第二次産業が20年前と同程度の割合を維持していることも分かります。つまり**表Ⅳ－1**でみた色川地区における移住者の多

（注6）前掲注4、40頁。

表Ⅳ-2　色川地区の産業別就業者数の推移（抜粋）

		就業者総数	（内）農業林業	（内）建設業	（内）製造業	（内）卸売業 小売業	（内）宿泊業 飲食サービス業
1995	実数	210	98	11	11	13	
	構成比	*100.0*	*46.7*	*5.2*	*5.2*	*6.2*	
2000	実数	173	77	13	13	10	
	構成比	*100.0*	*44.5*	*7.5*	*7.5*	*5.8*	
2005	実数	157	61	10	11	7	5
	構成比	*100.0*	*38.9*	*6.4*	*7.0*	*4.5*	*3.2*
2010	実数	125	57	6	7	12	5
	構成比	*100.0*	*45.6*	*4.8*	*5.6*	*9.6*	*4.0*
2015	実数	128	52	8	6	9	6
	構成比	*100.0*	*40.6*	*6.3*	*4.7*	*7.0*	*4.7*

資料：国勢調査報告各年版。
注：抜粋なので構成比の合計は100にならない。

表Ⅳ-3　就業者の産業別割合の比較

	過疎指定地域			那智勝浦町色川地区		
	第一次産業	第二次産業	第三次産業	第一次産業	第二次産業	第三次産業
1995	20.0	31.8	48.4	47.1	10.5	37.6
2000	17.5	30.5	52.0	45.1	15.0	39.3
2005	16.8	26.5	56.8	38.9	13.4	47.8
2010	15.5	24.6	59.9	45.6	10.4	44.0
2015	14.5	23.9	61.6	40.6	10.9	47.7

資料：『平成29年度版過疎対策の現況』および国勢調査報告各年版。
注：秘匿値などがあるので合計が100にならないものがある。

様ななりわいづくりは、全国的には衰退傾向にある第一次産業を支えつつ、地域の産業構造のバランスを維持することに寄与してきたといえるでしょう。

3 地域産業の変化となりわいづくりの模索

先に述べた通り、農山村への移住のハードルは「なりわい」、「コミュニティ」、「住まい」です。色川地区ではコミュニティがかかわって、いわゆる「空き家」とその所有者の把握、空き家と移住希望者のマッチングなどを行うことで、移住のハードルである「住まい」と「コミュニティ」をセットで解決しています(注7)。では、もう一つのハードルである「なりわい」についてコミュニティはどのようにかかわってきたのでしょうか。ここでは戦後の少し長い色川地区のあゆみをあらわした**表Ⅳ－4**から、色川地区の産業・しごとの変化とコミュニティ・生活の変化をみてみましょう。

移住者受け入れという観点での色川地区のターニングポイントは、1977年の「耕人舎」受け入れと1991年の色川地域振興推進委員会の発足です。そこからさかのぼり、戦後復興期からの地域のあゆみをみてみると、昭和30年代は山林資源を活かした林業、1938年から本格的に銅の採掘がはじまった妙法鉱山、そして新たに開始された茶業が地域での生産活動の三本柱でした。昭和40年代に入ると柱の一つである妙法《みょうほう》鉱山の大規模リストラが本格化し、結果として1972年に閉山されます。また1964年の木材輸入全面自由化を契機に林業不振が本格化し、1968年に色川森林組合は那智森林組合、太田川森林組合と合併し、那智勝浦町森林組合となりました。一方、1967年から農業構造改善事業を導入して、茶業振興のために茶園造園や製茶工場の整備がすすめられました。つまり農業や林業といった生業が地域産業化した時期といえるでしょう。

ここでの「生業」とは、先に紹介をしたひらがなの「なりわい」とは区別して、元来の生活を成り立たせるための仕事を意味し、その地域の人びとの生活を物質的に支えるために食物やなんらかのかたちで商品になるものを生産することを含意します。個々人単位のミクロな生業活動から生み出されていく生産物はマクロな生産システムに変容していくとされますが（注8）、色川地区では昭和40年代にこの変容が顕著にみられたのです。

１９７０年代後半から１９８０年代にかけて茶業が地域産業振興の柱になった一方、新しい産業振興として仏事で用いられる〝しきみ〟の導入などが行われました。この時期に色川地区の一つ目のターニングポイントである移住者の本格的な受け入れが１９７７年にはじまります。その経緯の詳細は他書に譲りますが、「耕人舎」を名乗る都市の若者が集団で入植し、当時であれば〝異端児〟であった有機農業を生業とすることを目指したもので、地域産業化した当時の色川地区の農林業とは一線を画すものでした。都会から農山村に移り住むということ自体が一般的でなかった当時、しかもインターネットで情報を得ることもないなかで、農山村への移住希望者はこのような活動団体を頼るほかありませんでした。つまり、１９８０年代を通じて有機農業の活動主体である耕人舎が移住者受け入れの基盤となっていったのです。一方この間も、茶業を中心とする産業振興は進み、しきみ生産についても生産組合の設立がなされましたが、移住者が目指した生業と交じり合うことはほとんどありませんでした。その意味で、この時期は地域産業と移住者の生業が分断されていた時期といえるでしょう。

そして二つ目のターニングポイントである色川地域振興推進委員会が１９９１年に発足し、翌１９９２年に委員会のなかに体験班、実習班、定住促進班が設置されました。このうち体験班は数日の農的生活を体験するグリーンツーリズムなどを担うチームであったのに対して、実習班、定住促進班は移住者受け入れと定住を目指すチームでした。実習班は農業実習を通して就農を促し、定住促進班は移住希望者への空き家紹介とコミュニティとのつながりを促すことで定住を目指しました。この後者２つのうち早く活動を停止したのは仕事を介して移住者定着を目指した実習班でした。１９９８年ごろに活動が休止されましたが、この間に受け入れた約５名の実習生は定住には結びつかなかったそうです。

（注7）佐久間康富「地方移住希望者の住まいとしての「空き家」の利活用」『都市問題』第１１０号、２０１９年、66〜79頁。
（注8）松井健・野林厚志・名和克郎共編『生業と生産の社会的布置――グローバリゼーションの民族誌のために（国立民族学博物館論集１）』岩田書院、２０１２年。

コミュニティ・生活の変化	
（年）	
1955	那智町、勝浦町、宇久井村と合併をして那智勝浦町色川地区となる
1960	那智勝浦町に下里町と太田村を編入
1974	色川青年会復活・色川生活環境整備推進委員会設立
1975	耕人舎初色川訪問
1977	過疎研究同志会設立
1977	移住者受け入れ
1981	色川地区区長連合会は色川を良くする会を設置
1983	住民総出で手づくり環境整備に取り組む
1983	耕人舎１世帯独立＝耕人舎共同体解体
1986	実習生受け入れを他の移住者が手伝う、耕人舎友会実習センター（後の田舎暮らしの会）
1991	色川地区区長連合会が色川地域振興推進委員会設置
1991	色川青年会再編成、新旧住民入り交じり年代も幅広く構成
1992	色川青年会により「色川だより」を創刊
1994	産廃処分場問題がおこる
1995	色川廃棄物問題対策協議会発足
1995	色川わらの会設立、色川の食文化や伝統的な生活技術を残し伝えていくことを目的に活動
1997	保育所町直営化
2003	家族型山村留学の受け入れを開始
2006	色川地域振興推進委員会を再編成し、規約、活動内容を見直す
2009	町が集落支援員制度を導入し、色川地区に集落支援員１名配置
2009	色川百姓養成塾開始
2011	町が地域おこし協力隊制度を導入し、色川地区に地域おこし協力隊を１名配置
	色川地域振興推進委員会が県の「和の仕事人」事業を導入し、１名配置
2012	NPO 法人ふるさと回帰支援センターによる大学生対象の「ふるさとづくりインターンシップ」事業の受入開始
2015	町が地域おこし協力隊を増員し、色川地区に地域おこし協力隊を２名配置

表Ⅳ-4　色川地区のあゆみとなりわいづくりのプロセス

	色川地区人口			産業・しごとの変化	
	（年）	（年）	（人）	1938（年）	妙法鉱山の採掘本格化
前史	1955	昭和 30	2,875	1955	92 戸の農家が茶苗の育成をはじめる
	1960	昭和 35	2,673	1957	色川茶業協同組合創立
生業の地域産業化				1967	妙法鉱山大規模リストラ
				1967	農業構造改善事業（集団茶園造成（1979 年まで断続的に）・製茶工場建設）
	1965	昭和 40	1,756	1968	那智勝浦町森林組合設立
				1970	林業構造改善事業
	1971	昭和 46	1,158	1972	妙法鉱山閉山
				1973	第二次林業構造改善事業
	1975	昭和 50	972		
地域産業と移住者の生業の分断	1980	昭和 55	808	1976	第二次農業構造改善事業（緑茶加工施設建設）
				1976	色川茶業協同組合を色川茶業組合に法人化
				1980	しきみ苗導入
				1982	有機同友会設立、無農薬茶の生産販売を開始
				1983	那智勝浦町しきみ生産組合を設立
				1983	耕人舎友会色川株式会社＝農林産物加工や交流・実習受け入れ
	1985	昭和 60	687		
				1988	色川無農薬野菜生産出荷組合設立
	1989	平成元	607	1990	色川茶業組合防霜施設導入
移住者のなりわいづくりのプロセス 仕事を入り口とした移住者受け入れの停滞 ↓ 自主的ななりわい探しのサポート ↓ なりわいづくりの複線化 ↓				1992	体験班・実習班・定住促進班の設置、田舎暮らしの会解散
	1993	平成 5	551	1993	色川堆肥組合設立
				1993	口色川に農産物処理加工施設建設
				1995	篭ふるさと塾（新規就業者技術習得施設）開設
				1996	円満地公園（オートキャンプ場）オープン
	1998	平成 10	504	1998 頃	実習班の活動の停止
				2002	緑の雇用事業開始
				2003	色川鳥獣害対策協議会設置
	2005	平成 17	465		
	2010	平成 22	428	2009	色川地域振興推進委員会が「田舎で働き隊」事業（農林水産省）を導入し、2 名を配置
	2015	平成 27	368		

資料：『色川だより』各号、色川地域振興推進委員会資料、（注４）および藤森昭「農林業財政の変貌――色川地区（旧色川村）の財政を事例にして」『国民生活研究』第24巻第3号、1984年、44～59頁を参考に筆者作成。

一方、色川地区への移住者数はこの間も伸び続け、定住促進班は移住者との間に入って、空き家あっせんだけをするのではなくコミュニティとの接点づくりを行ってきました。もちろん定住促進班を介して移住をしてきた人々も生活の糧は必要であり、最終的には先にみたような多様ななりわいをもっています。それは仕事ありきでの移住ではなく、むしろコミュニティとの接点から得たなりわいが多かったそうです。つまり仕事を入り口にした移住者受け入れはうまくいかなかったのですが、コミュニティとのつながりを移住者受け入れにおいて重視してきたことで、結果として移住者の自主的ななりわい探しを、地域の人々がサポートするようになっていったのです。

4 なりわいづくりの〝複線化〟

2000年代に入ると地域産業の振興とコミュニティベースのなりわいづくりのサポートと、〝複線化〟されて展開されます。和歌山県が三重県とともに提唱し、その後、国の事業として定着した「緑の雇用事業（林業事業体に対し新規就業者を雇用して行う研修などに必要な経費を支援）」が進められ、林業従事による移住者増加がみられました。その一方で、色川地区で独自に展開した家族型山村留学や「むらを次につなぐための運動」としての色川百姓養成塾、和歌山県の特色ある事業であったUIターン人材誘致事業「和歌山で「和」の仕事人になろうプロジェクト」、国の事業・制度である「地域おこし協力隊」や「田舎で働き隊！」を導入するなど、コミュニティ活動を入り口にした移住者が、コミュニティでのつながりを活かしながらなりわいづくりを目指しています。そしてこの両者は決して分断されているのではなくコミュニティとしての一体性を保っています。例えば緑の雇用事業をきっかけに移住をして、その後、自身で林業事業をするべく独立をした移住者は、2011年の紀伊半島大水害をきっかけに廃止されていた新聞の個配サービスを、地域の要請に応えるべく他の移住者たちとはじめています。このような一体性の保持は、色川地域振興推進委員会の有形無形のバックアップによるところもさることながら、緑の雇用事業の家族が暮らす「ふるさと定住促進住宅」が、地域住民を中心に運営されている田舎暮らし・農業体験や定住希望者のための宿泊施設「籠ふるさと塾」と同じ敷地に建てられているなど、コミュニケーションを容易にしている環境も影響していそうです。

色川地区のあゆみを振り返ると、先にみた地域の産業構造を支える多様ななりわいの存在が一朝一夕に成し遂げられてきたわけではないことが分かります。生業が地域産業化した1960年代後半から1970年代までと、地域産業の振興政策に特化していった一方で生業を目指す都市住民の移住がはじまった1980年代、そしてコミュニティ全体で移住者受け入れを行うことでなりわいづくりのプロセスがスタートした1990年代以降に大別できます。そして1990年代以降のなりわいづくりのプロセスも決して描いたとおりに物事が進んだわけではなく試行錯誤の繰り返しでした。それは仕事を入り口にした実習班の活動の停滞があった一方で、コミュニティとのつながりを基盤とした自主的ななりわい探しサポートを経て、行政の雇用対策とコミュニティベースの活動、さらには地域づくり活動への人的サポートなどを活かしながらなりわいづくりへ向っていた「なりわいづくりの〝複線化〟」を読み解くことができます。

生業が地域産業化していった変化は色川地区に限らず日本全国の農山村で起こったことですし、地域産業の政策論と生業やなりわいの議論が分断されていることも、今なお全国でみられる現象です。地域産業の振興はともすると特定の産業のみを過度に強調しすぎて、一見すると他のなりわいをみえなくしてしまい、地域をモノカルチャー（モノ産業）として表象してしまう可能性があります。「なりわいづくりの〝複線化〟」はこれらの課題への対応のヒントとなりそうです。

ところで2017年に総務省が行った過疎地域への移住者に対するアンケート調査をみてみると気になるデータがあります[注9]。移住先の地域の魅力などが移住の動機などに影響があったと答えたのが、その地域と縁がなかったIターンやJターンでそれぞれ44・4％や48・5％であったのに対して、出身者のUターンでは24・0％と低く、地域の魅力がUターンに必ずしも結び付いていない状況がみて取れます。

（注9）総務省「田園回帰」に関する調査研究会「過疎地域への移住者に対するアンケート調査」http://www.soumu.go.jp/main_content/000529976.pdf

このことは私の研究室で継続的に行っている色川地区での調査結果（注10）にも現れています。色川地区を離れた22名から回答を得た2016年のアンケート調査では、3つのUターン意向が明らかになりました。一つ目は具体的な条件を挙げてUターンを予定している名、二つ目はできればUターンをしたいと考えてはいるが具体的な条件は決まっていないUターン予定の6名、三つ目はUターンするつもりがない非Uターンの14名です。最も多いこの14名に複数回答で仮にUターンをする場合の条件を聞いてみると、具体的な条件を示したのが7名で、挙げられた条件で最も多かったのが仕事内容や通勤可能な職場など仕事にかかわる条件でした。

春原（注11）は初期の移住者の子供たち、つまり移住者2世を中心とするUターンへの期待を示していますが、これらのアンケート結果を鑑みるとその推進力（Uターンのモチベーション）を地域の魅力や愛着だけに頼るのは難しそうです。なりわいといった切り口から新しい取り組みにチャレンジをする必要があるでしょう。もちろん先ほど述べたように、特定の産業のみを過度に強調しすぎて、他のなりわいをみえなくしてしまうことはナンセンスですが、アンケートに回答をしてくれた方々の色川地区を離れた際の平均年齢は17歳。色川地区に住んでいた時にはおそらく地域にある規模が小さ

表Ⅳ-5　若い世代の移住者の色川地区への課題意識

Aさん	・昔からＩターンの人を呼び込むための対策を行っているが、時代の流れと共に求められるニーズは変わるという危機感 ・推進委員会のメンバーに変わって、次は自分たち若い世代が動かないといけない
Bさん	・昔は色川くらいしかなかったが、今はどこでも外から人を呼び込むための活動をやっているため、もっと色川の特色を出した情報を提供したい
Cさん	・今の色川には地域全体で集まる行事が運動会と盆踊りくらいしかないが、もう少しそういう機会を多くしたり、区ごとで今やっている行事に、外からの人も参加可能であることを情報発信したりできると、リピーターの人がもっと色川を訪れやすくなる
Dさん	・色川の優位性が失われつつある ・今はどこの地域でも移住対策に取り組んでいるため、そこに色川は埋没しつつある ・時代が変わり続けているため、色川の若い世代は「もう移住だけではいけない、もっと人を呼ぶにはどうしたらいいのか」と考えはじめている
Eさん	・色川は移住者が昔から多いといわれているが、新規で入ってきている人の数はやや落ち着いてきている

資料：ヒアリング結果をもとに作成。

なりわいには意識がいかなかった方がほとんどでしょう。

このような背景もあり、この5年ほどで色川地区に住む若い世代の移住者に新たな課題意識が生まれてきています（**表Ⅳ－5**）。なりわいは移住者自身が探すものでありそれをコミュニティがサポートをするというこれまでのスタンスではなく、移住者のなりわいづくりにコミュニティが積極的に関与していくスタンスが若い人たちのなかで広がっており、新しい取り組みとして**表Ⅳ－6**に示したなりわい体験ともいえる活動がはじまっています。しかもこれらはこの四半世紀の間、色川地区のさまざまな活動をけん引してきた色川地域振興推進委員会ではなく、若い人たちが主体的に行ってきていることが特徴です。時間をかけて成し

（注10）調査結果は以下にまとめられている。福田和弥『農山村地域における移住者の定住と離村の要因に関する研究――移住先発地出身者からの考察』２０１６年度鳥取大学地域学部地域政策学科卒業論文、２０１７年、および中野紗希『関係人口づくりに向けた地域体制の考察――和歌山県東牟婁郡那智勝浦町色川地区の取り組みを事例に』２０１８年度鳥取大学地域学部地域政策学科卒業論文、２０１９年。

（注11）前掲注4。

表Ⅳ-6　なりわい体験と若い世代の移住者の思い

ジビエ体験ツアー 2014年12月	・皆の感じ方は様々だが、一人でも多く獣害や肉の流通の現状などを知ってもらいたい
色川産品出展 2015年1月	・販売の売り上げも大事だが、色川の紹介をして多くの人に魅力を感じてもらうことに意義がある
棚田の草取り体験 2015年6月	・体験に来る人たちにお米ができるまでの流れを知ってもらいたい
わかやま田舎暮らし現地体験 2015年6月	・農業や農的暮らしを考える上で、田舎暮らしのありのままを知ってほしい
棚田の稲刈り体験 2015年9月	・お米を作る大変さ、収穫の喜びを肌で感じてもらいたい
色川ジオ試行ツアー 2015年12月	・1000年を有する色川の歴史、人と自然が築いた石積みと棚田の風景、山里の暮らしの匂い、移住者が担う地域の活気などを感じてもらいたい
棚田の草取り体験 2016年7月	・お米ができる一連の流れを知ってもらいたい
狩猟体験ツアー 2017年2月	・まちの人に獣害の深刻さと共に、田舎の豊かさを知ってもらいたい ・多くの人に地域のファンになってもらいたい
子ども体験博出展 2017年9月	・子ども達に地域のしごとや文化を知ってもらい、それがきっかけで色川に遊びに来てほしい
獣害対策インターンシップ 2018年7-8月	・リアルな現場を体感してほしい

資料：色川地域振興推進委員会ホームページ「ふるさと色川」（http://wakayama-irokawa.com/）を参考に作成。

遂げられてきた「なりわいづくりの〝複線化〟」の結果として、地域での生活とあわせて〝みえないなりわい〟をみせるという今の色川地区に求められているテーマへチャレンジをする主体形成が進んでいるのです。

5 〝複線化〟されたプロセスによる多様ななりわいの担保

移住者受け入れの先発地である色川地区の実態を通して、地域のあゆみのなかでなりわいづくりのプロセスを考えてきました。それは「〝複線化〟されたなりわいづくりのプロセス」という現時点での一つの答えとして図Ⅳ－2のように示せそうです。

Zのプロセスは、仕事の量的発展を高めつつ生活の糧の下支えを目指していくもので、高度経済成長期以降20世紀が終わるまで農山村における地域産業振興の典型的な考え方だったものです。色川地区でみた生業の地域産業化のように、具体的には産業振興のための基盤強化の取り組みを積極的に行っていきますが、これだけでは多様ななりわいの担保が難しいためモノカルチャー（モノ産業）的発展への隘路に陥ってしまいます。これに対して、私がこれまでの2冊のブックレットで世に出してきた地域起業や継業といった地域とのつながりをスタートとして、次第に生活の糧を確立していく発展方式がBのプロセスです。色川地域振興推進委員会などのサポートによるなりわいづくりはこちらのプロセスで説明できます。これはある程度の斉一性をもった価値基準での発展が想定されていますので、このままだとZのプロセスに代表される地域産業の動きとは交わらない〝違う世界のモノ〟として理解されてしまいます。

現状の色川地区では「〝複線化〟されたなりわいづくりのプロセス」となっているのが特徴です。それはBのプロセスに加えて、Zのプロセスから転換をするAのプロセスがあることによります。このプロセスには2つの大きなポイントがあります。一つはZのプロセスからAのプロセスに転換する際のポイントa、もう一つは私が主張をしてきたBのプロセスにおけるポイントbです。

aのポイントは、色川地区では緑の雇用事業の家族が暮らす「ふるさと定住促進住宅」という拠点を、地域住民を中心に運営されている田舎暮らし・農業体験や定住希望者のための宿泊施設「籠ふるさと塾」と同じ敷地に置いたことが挙げられます。中塚（注12）によると農山村における変革のためには拠点づくりにおいて「ずらす」という視点が重要であるといいます。「ずらす」とは距離も機能も少しだけ違えることを指しており、「ふるさと定住促進住宅」と「籠ふるさと塾」の関係もこの論で説明できそうです。結果として「緑の雇用事業」をきっかけに移住してきた林業従事者が地域から求められたなりわいづくりにも参加をしています。またbのポイントの背景には、本来多様であるのに〝みえないなりわい〟が多い点や、また「小さな経済」規模のなりわいの展開プロセスが定式化できないという課題があります。前者へのチャレンジは色川地区でもはじまっていますし、後者については「多業化」など筒井・尾原（注13）が示した農山村ならではのなりわいの組み合わせがすすめられています。そしてもう一つ、仮説

図Ⅳ-2　“複線化”されたなりわいづくりのプロセス

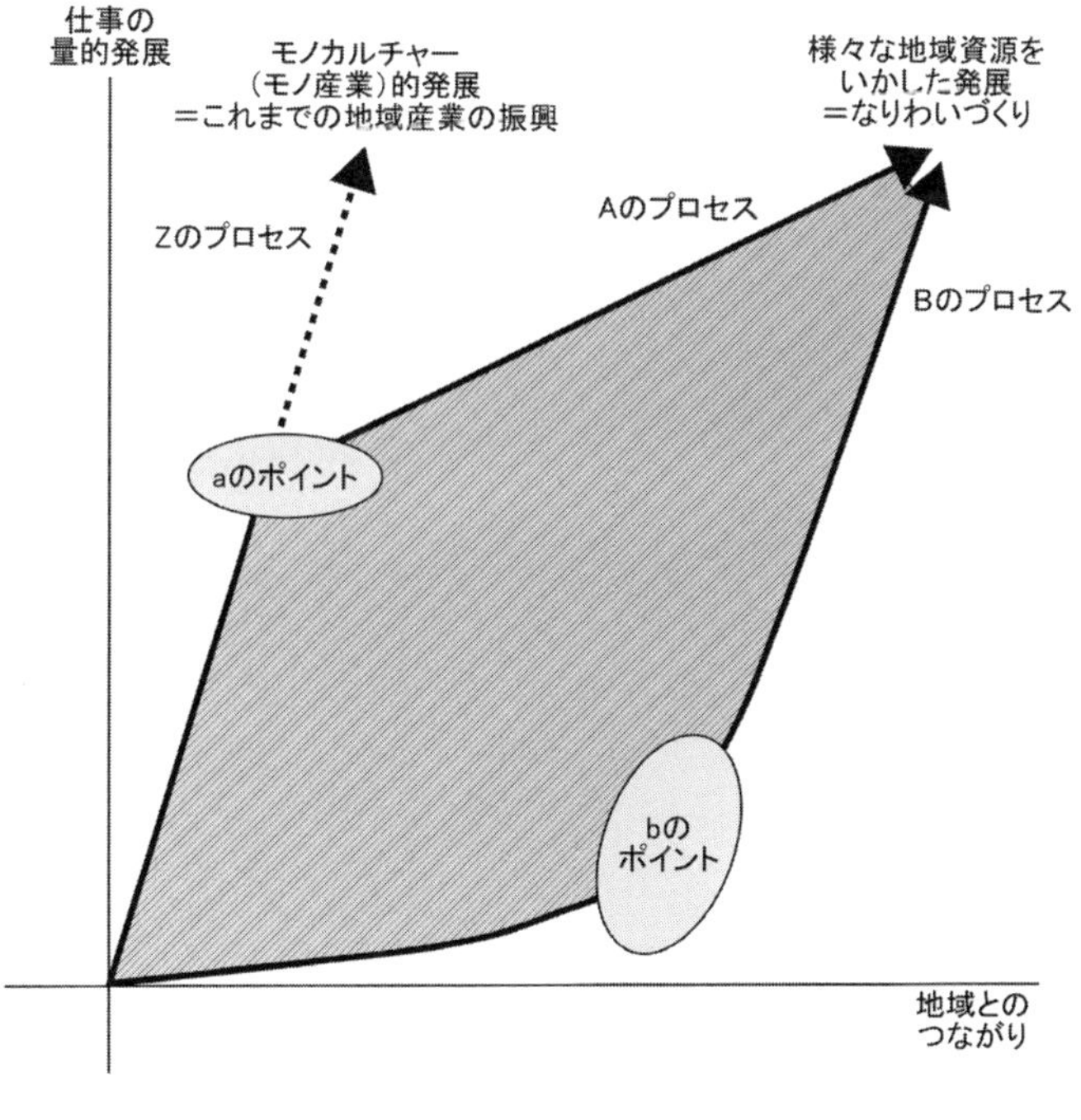

（注12）中塚雅也著、小田切徳美監修『拠点づくりからの農山村再生』筑波書房、２０１９年。
（注13）前掲注３。

的にですがこの図で示したいことがあります。表Ⅳ－１でも確認をした通り、地域には多くのなりわいが存在しますが、個々のなりわいをみてみるとスタートの切り方も、発展段階も、そして地域とのつながりの段階も実に多様です。それを「地域」という単位でみた場合、Ｚから転換されたＡのプロセスとＢのプロセスという線で考えるのではなく、それらで囲まれた「領域」として、地域のなりわいの広がりを描くことが適切だと考えます。

本章では色川地区という「地域」を主人公にそのあゆみを読み解いてきました。それはその時代その時代の地域の動きを丁寧に理解することであり、決して過去を否定をするために行うことではありません。当然、Ｚのプロセスも地域のあゆみの一局面であり、それを無視することはできないのです。しかし「特定の産業を発展させることで人口を維持する」という発想は、今日の農山村では必ずしも適当ではなさそうです。重要なことは田園回帰の潮流で重視されてきたＢのプロセスと、Ｚのプロセスから転換されたＡのプロセスという、「〝複線化〟されたなりわいづくりのプロセス」と、その領域に包含される多様ななりわいの存在を志向することです。そのことで地域の産業構造のバランスは持続していくのです。

Ⅴ　新しい地方創生へ――総括

小田切　徳美

1　各レポートが描く「プロセス重視」

（1）まち（コミュニティ）――平井レポート

青森県むつ市（旧脇野沢村）の「コミュニティ・セントー――わきのさわ温泉」の設立協議過程に2年間密着したことにより、平井レポートはそのプロセスを深く、鋭く描いています。

同施設は、「温泉」、「食堂」として、様々な媒体で取り上げられており、今では下北地域の有力な集客拠点と言えます。その点で、「成功事例」のひとつですが、レポートでは、ありがちな直線的「サクセスストーリー」ではなく、試行錯誤の連続や転換の契機が描かれています。しかも、それは、平井氏が自らファシリテーターとして参加したものであり、リアルな進行形でのプロセスを見ることができます

この施設の運営は、地域住民有志の「わきのさわ温泉湯好会」によって担われています。これは有志組織であり、地域運営組織そのものではありませんが、地域コミュニティをベースとする活動のひとつとしてよいでしょう。

最近では、このようなコミュニティ組織による地域活動が持続化するための重要要素として、住民の当事者意識の重要性が語られています。例えば、筆者（小田切）もかかわった地方創生本部「地域の課題解決のための地域運営組織に関する有識者会議」の最終報告（2016年12月）でも、「持続可能な地域づくりを行う場合に最も必要なことは、地域住民が地域づくりを行政などに任せることなく、自らが担う意思（当事者意識）をもつことであり、次に当事者意識に基づき、自らの地域をどうしていきたいかという将来ビジョンを具体化した『地域デザイン』の策定を行うことである」としています。

このような指摘は正しいとしても、当事者意識が形成されるプロセスについて、同報告書では、「地域住民を主体としたワークショップの開催等を積極的に推進（する）」（同報告）という一文しか書かれていません。

しかし、平井レポートでは、そのワークショップの中における当事者意識醸成のポイントを、明確化しています。その点にかかわる、次のとりまとめは印象的です。「現在の地方創生では、今回の例のように『住民の主体性』が問われています。しかしそれは出口であって入口ではありません。それを条件にした瞬間に住民も身構えます。それに対し、今回突破口になったのは、住民の関心事や地域そのものに、『住民の主体性』を求めがちな周囲が、まずは関心を寄せ敬意を払ったことでした。」

そして、この関心と敬意（両者を合わせて「尊重」）には、外部サポーター（ファシリテーター、行政、インターンの学生等）からの「尊重」→地域からの「尊重」→外部主体からの「尊重」という連鎖があることが明らかにされています。それは、地域コミュニティと外部サポーターの成長の連鎖と言っても良いでしょう。

こうした点について、筆者も同じようなことを聞いたことがあります。長野県阿智村長だった岡庭一雄氏の言葉ですが、集落対策をめぐり、「他の地域の人々から、気にかけられている、見守られているということだけで心の支えになる」という発言でした（注1）。

やはり、このような人々の成長プロセスがあり、地域ははじめて動くのであり、行政に説得されたり、補助金のために時間に追い立てられたり、いわんや政府から危機意識を煽られて動くものではありません。政策的にはしばしば強行される、このようなインパクト（例えば2014年の増田レポート・地方消滅論）ではなく、むしろ、外部の目が地域に届き、その結果、成長の連鎖性が動きだすことが必要なのです。そこに、ワークショップのファシリテーターを含めた外部人材の役割があると言えそうです。

つまり、平井レポートが描くプロセス重視とは、こうした「成長の連鎖性」を意識した丁寧さと同義であるように考えられます。

（2）ひと（人材）――図司レポート

図司レポートが、対象とするのは、水柿さん（岡山県美作市）と佐藤さん（新潟県十日町市）という、2人の著名な元移住者です。彼らの約10年間に渡る、移住先における動きが詳細に調査され、鋭角的な構図でまとめられています。この10年間、著者の図司氏は、研究者として外部サポート人材を研究し、2人の変化・成長過程を同時進行で見続けています。そうであるが故にレポートには臨場感に満ちています。

そこで明らかにされているのは、2人の「人材」としての、段階的な成長プロセスです。それは、次の2段階としてまとめられています。

第1段階　「ここに身を置いてみよう」とまず移住を試み、定住を選択していく段階
第2段階　「足元にある地域社会の課題に挑戦しよう」と新たな活動に踏み出す段階

確かに、水柿さんは、移住7年目にトヨタ・モビリティ基金等の助成事業へ本格的に取組み、住民活動支援に乗り出しています。また、佐藤さんも、7年目にライフスタイル・ブランドの「雪の日舎」を立ち上げており、新たなステージを踏み始めています。つまり、後半のこうした活動のために、前半の「まず身を置く」というステージがあったといえます。

農山村という場における、このような段階的な変化は新潟県中越地方で論じられている集落再生の「足し算・かけ算のプロセス」という議論を想起させます。この点については、既になんども紹介されていますが（注2）、一言で言えば、2004年の中越地震の被災から復興する集落は2段階の変化を示し、それに対応して、外部からの関わりも、足し算－かけ算と

（注1）小田切徳美『農山村再生』（岩波書店、2009年）、50～51頁。

いう段階が必要であるというものでした（図Ⅴ－１）。

前者の足し算は、復興支援の取り組みの中で、コツコツとした積み重ねを重視するもので、具体的には、住民（被災者）の悩み、嘆きと小さな希望を丁寧に聞き取り、「やっぱりこの地域で頑張りたい」という思いを掘り起こす過程を指しています。ここには華々しい成果もスピード感のある展開もなく、中越地方における経験からは、被災後の数ヶ月から数年はこのタイプの対応が必要だったと言われています。

それに対して、後者の掛け算のプロセスは、具体的な事業導入を伴うもので、足し算の時期を基盤として、「物を作る」「ゲストをよぶ」という形で短期間に形になるものでした。取り組みのすべてが成功するわけではありませんが、あたかも掛け算の繰り返し（等比級数）のように、大きく飛躍する可能性があります。

このような中越地震の被災地集落における経験は、そのまま農山村における再生のプロセスとしても、位置づけられ、いまや標準的な議論となっています。しかし、今回の図司レポートが明らかにしたのは、これと同様の過程が移住者の人材としての成長過程に見られるということでした。しかも、より重要なファクトファインディングとして、この2人の「かけ算」段階では、地域から若者への共感が見られることも指摘されていました。別の言葉で言えば、そこには地域住民との一体感が生まれ、それによりかけ算的に従来とは不連続なプロセスで飛躍することがわかります。

図Ⅴ-1　集落再生のプロセス（概念図）

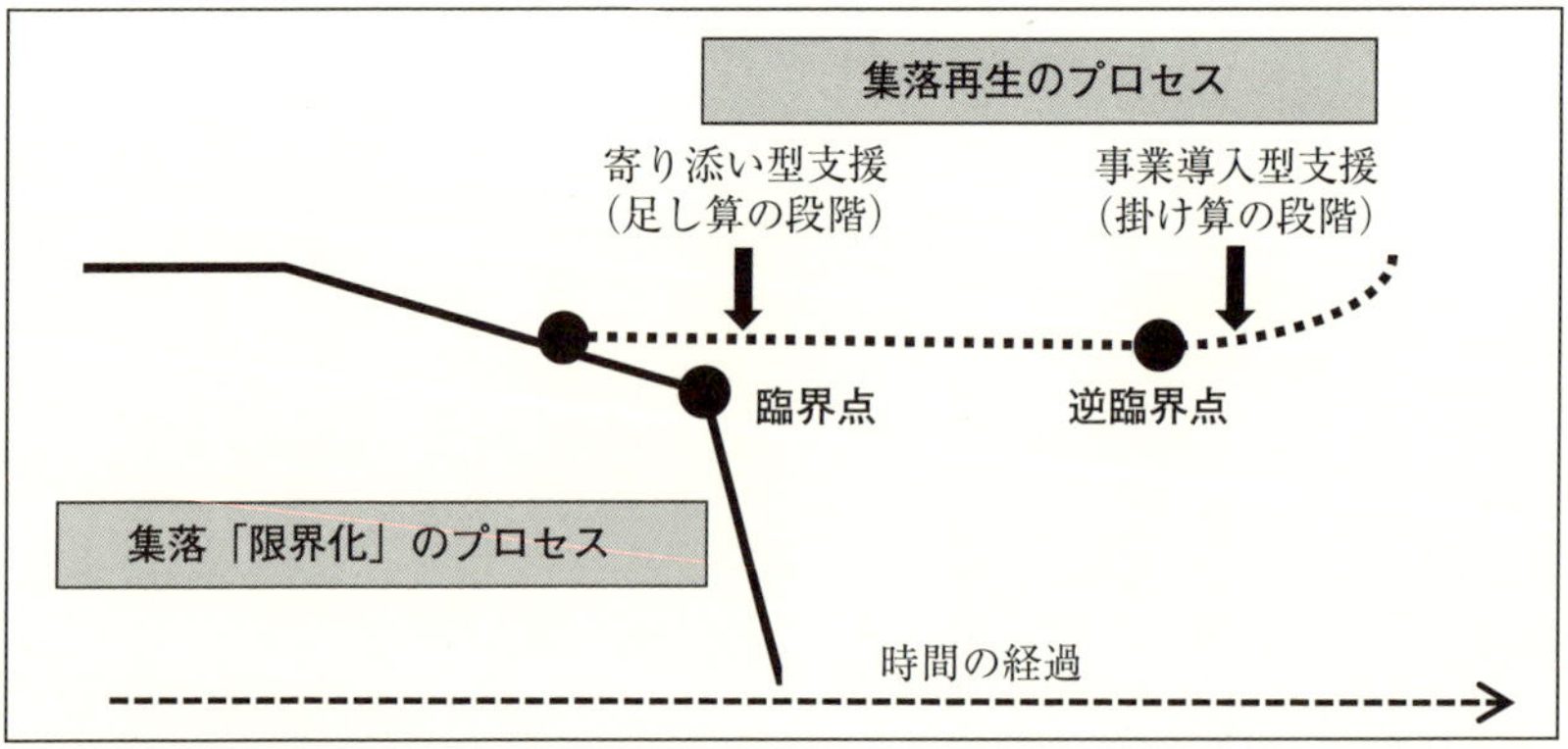

注：資料＝筆者作成

ここで重要なことは、集落の再生でも人材の成長でも、そのプロセスには、変速点（臨界点）を持つ非連続的過程であるという点です。その点で、図司レポートにおける「プロセス重視」とは、「非連続的変化」を認識することだと言えるのではないでしょうか。

(3) しごと（就業機会）――筒井レポート

筒井レポートはさらに長期に渡る観察をしています。対象は、移住者が全国的にも早くから集積したことで著名な和歌山県那智勝浦町色川地区です。最近では地域内人口の半数近くが移住者となっている地域として知られています。そこにおける40年間以上の移住者によるしごとづくりを考察の対象としています。

レポートでは、まず、大きな発見が報告されます。それは移住者の職業の多様化の進行です。色川地区は、移住者の有機農業志向で知られた地域でしたが、こうした地域でも仕事の多様化が進んでいるようです。

この点は、とても重要です。なぜならば、移住者の仕事については、意外とステレオタイプの認識が根強く、サラリーマン的就業や自営農業をイメージして、それらの少なさから、地域リーダー自らが「ここには仕事がない」と言い放ってしまうケースが見られるからです。

しかし、むしろそのような仕事がないことを前提にして、田園回帰と言われる潮流の中で若者達は、地域に仕事をつくってきました。そのひとつが、「継業」です。これはレポートにもあるように筒井氏により発掘された新しい実態と概念です。「起業」と言われているものをよく見れば、地域における既存の事業を承継しているものもあります。その際、既存事業をそのまま継ぐことは多くはなく、新たな要素を加えることが一般的であり、その比重によっては、起業に見えるものもあ

（注2）稲垣文彦他『震災復興が語る農山村再生――地域づくりの本質』（コモンズ、2014年）、及び拙著『農山村は消滅しない』（岩波書店、2014年）

るのです。そして、この概念は、経営資源のみを強調する事業承継と違い、地域との関係を含めて継ぐことを含意しており、移住者の実態にとてもフィットします。

ちなみに、「起業」や「継業」の他にも、全国的には、「移業」「多業」も見られます。「移業」とは、外部から既存の事業を持ち込むという仕事づくりです。この「移業」は、最近の地方創生で注目されている「サテライトオフィス」と重なります。これは、本来は、企業が事業所と離れた場所につくる小さなオフィスを指しています。しかし、サテライトオフィスを名乗る事例をみれば、ＩＴベンチャーやＷｅｂ制作ベンチャーでなど、個人事業の小規模な事業体が多数を占めています。形式的に従前地に住所は残していますが、実態的には事業全体を移動しているケースも多いのです。ここでも単純な事業移転ではなく、農山村漁村の地域課題と結びつく新事業を取り入れたりする例もみられます。地域から見ればこれも仕事づくりといえます。

また、「多業」は複数の業種を組み合わせるものです。これは兼業農家をはじめ、どの時代にも見られる仕事の形です。しかし、最近でも、このような稼得のパターンは「ナリワイ」（本書における「なりわい」とは少し違う意味になります）と呼ばれ、それは、「大掛かりな仕掛けを使わずに、生活の中から仕事を生み出し、仕事の中から生活を充実させる。そんな仕事をいくつも創って組み合わせていく」(注3)と表現される都市と農村に共通する若者のライフスタイルのひとつとして期待されています。

色川地区でも、この「起業」「継業」「移業」「多業」が生まれつつあります。農業自営を目指した移住が一般的なイメージであったこの地区でも、多様化が生じている点はいままで報告されていなかった実態だと言えるでしょう。

そして、筒井レポートでは、このような多様化が、様々なルートにより生まれていることも明らかにされています。それは、「コミュニティとのつながりを基盤とした自主的ななりわい探しサポートを経て、行政の雇用対策とコミュニティベースの活動、さらには地域づくり活動への人的サポートなどを活かしながらなりわいづくりへ向かう『なりわいづくりの〝複線化〟』と規定されています。仕事の多様化の背景には、こうした複数の入口、経路が存在していることが鋭く指摘されています。

筒井レポートの最大の強調点はここにあり、したがって、そこにおけるプロセス重視とは、「経路の複線化」を認識することであると読み取れます。

2　プロセス重視の政策課題――新しい地方創生

（1）プロセスと場の確保

前節で見たように、３つのレポートは、それぞれプロセス重視の意味を、①「成長の連鎖性」（平井レポート）、②「非連続的過程」（図司レポート）、③「経路の複線化」（筒井レポート）にかかわり論じています。プロセスを強調することは、常識的には「計画的に進める」と理解されますが、必ずしもそうではありませんでした。

その点の理解のために、**図Ⅴ－２**を作成しました。しばしば政策的な事業プロセスとして認識されるのが、（Ａ）のパターンです。第Ⅰ章でも少し論じましたが、政策の効果を過大評価すれば、事態は即時的、自動的、無条件に変化（改善）するように思われがちです。この図は、随分と極端に表現していますが、机上で政策を立案する政策担当者はこうした発想になりがちです。

しかし、いうまでもなく、地域が変化するためにはプロセスが必要です（図の（Ｂ）を参照）。その過程は地域の個性により多様であり、またまた生き物のよう

（注３）伊藤洋志『ナリワイをつくる』東京書籍、２０１２年。

図Ⅴ-2　地域づくりにおけるプロセスの意味

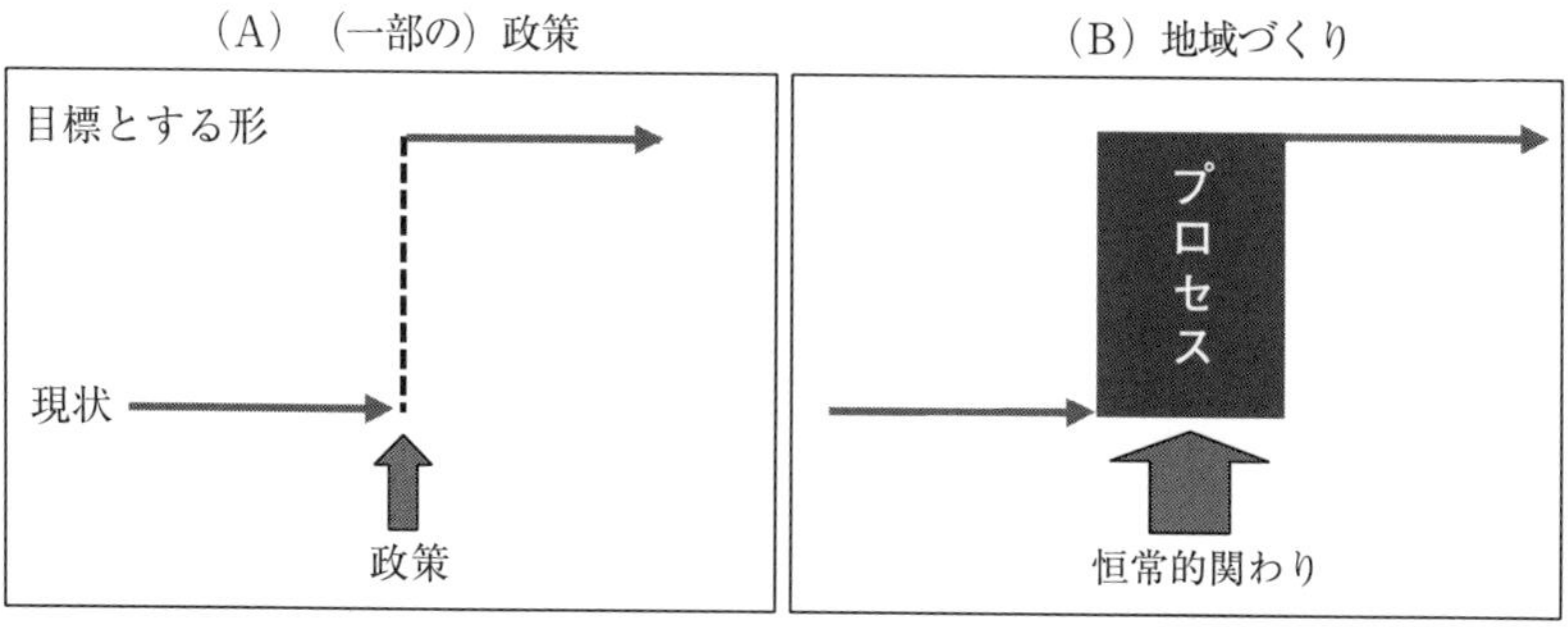

注：資料＝筆者作成

に変化し、決して予定調和的ではありません。だからと言ってまったく方向性が見えないわけではありません。「非連続的な変化」や「過程の複線化」の可能性を考えながら、「成長の連鎖性」を追求することが重要になります。これが、「プロセスを重視する」ことを意味しており、Ⅱ章からⅣ章の3つのレポートはまさにそれを示しています。

さらに言えば、状況によっては、当初の計画通りには進まないこともあり得ます。このような変化を認識し、その後の適切な対応をするためにも、このプロセスにタッチする内外の者は恒常的な関わりが欠かせません。そして、それこそが「プロセスデザイン」を行う、「プロセス・デザイナー」であり、これより高品質な地域づくりのプロセスが確保されると認識できます。

もうひとつ、3つのレポートは重要なことを教えてくれています。それは、このプロセスには「場」がつきものであるということです。

平井レポートでは、ワークショップの話し合いが「だれもが声をあげ、ひとつひとつの関わりが生まれる場」の再生になったことが指摘されていました。また、図司レポートでは、2人の人材が大きく成長する過程で、「周囲の仲間や外部のメンターが存在して」いたことを指摘し、「場」という言葉は使われていませんが、安定的な拠点の重要性が示唆されていました。そして、筒井レポートでは、「ナリワイ形成の複線化」のために、「緑の雇用事業の家族が暮らす住宅」が地域住民を中心に運営されている田舎暮らし・農業体験や定住希望者のための宿泊施設と同じ敷地に建てられ、コミュニケーションを容易にしている」ことが指摘されています。

つまり、ここでの「場」とは「プロセス」の舞台となるところであり、そうした物的な「場」が人間関係の交錯の基盤となるからこそ、このプロセスが長期にわたり安定的に推移していくことができると理解できます。

このように、〈プロセス重視〉と〈拠点的な場の確保〉はセットであるべきことが示唆されており、政策のひとつの重要なポイントであるように思います。中塚雅也氏が物的な場の重要性を強調したのも(注4)、このように再解釈することができそうです。

（2）新しい地方創生の課題――「プロセス重視」からの示唆

①地方創生の本格的横展開――「プロセス場面集」

第Ⅰ章でも論じたように、過疎地域でも「にぎやかな過疎」と言えるような地域が生まれています。このことは、同じ地方圏で、そのような地域とそうでない地域との差が生じていることを示唆しています。地方都市の停滞も顕在化している中で、都市と地方との格差（まち・むら格差）というよりも、むしろ地方圏内の格差、特に農山村相互の格差（むら・むら格差）が激しくなっているのが実態です。

そこで、求められているのが、先発した事例の横展開です。しかし、平井レポートが指摘するように、事例集や事例報告では、取り組みの内容や成果を紹介するものがほとんどで、そこで示されているのは、「ノウハウ（Ｈｏｗ）」ではなく、「ノウワット（Ｗｈａｔ）」です。横展開を望む地域で必要なことは、文字通り「ノウハウ」であり、それを探そうとしても、意外なほど、その情報は少ないと言われています。多くの事例集がありながら、視察地域の対象選びの選定等にしか使われていないのはこのような背景があります。

この点は地方創生の横展開を考える際には、特に重要な事実ではないでしょうか。つまり、横展開が課題でありながら、実はそのためのツールが決して多くはないのです。そこで、提言したいのは、それぞれの政策分野にかかわる「プロセス場面集」の作成とそのコンテンツの蓄積です。ここで「プロセス場面集」としたのは、その「場面」（シーン）を切り取るだけでなく、その前後のプロセスを論じる必要性を表現しています。

そして、実はその具体的なイメージがⅡ章からⅣ章の３つのレポートに他なりません。その３つのタイムスパンは２年、

（注４）中塚雅也『拠点づくりからの地方創生』（ＪＣＡ研究ブックレット№24）、筑波書房、２０１９年。

10年、40年と異なりますが、人や地域の転換は何が契機となったのか、その影響はどのように拡がったのか等をいずれのレポートからも読み解くことができると思います。

また、横展開のための資料としてのみならず、他の事例との相互の学びあいの中で、プロセスの質を高めるためにも、このような「プロセス場面集」は欠かせません。

②乱用される「バックキャスティング」の危険性

3つのレポートから学んだプロセスのキーポイントを逆さまにすれば、「成長過程を丁寧に見なくてはいけない」、「連続的過程ばかりを意識してはいけない」、「単線的過程を想定してはいけない」という地域づくりのネガティブリストとなります。したがって、少なくとも3要素が揃うような状況を避けなくてはなりません。しかし、実はこのような発想の手法が生まれています。最近ではいくつかの省庁の政策形成で導入され始めているバックキャスティング（BC）です。

この点については、少々説明が必要でしょう。「現状からの予想」ではなく、「未来の目標からの逆算」で考えるというBCは、それが生まれた環境分野以外にも広がりをみています。この手法では、本来、将来の目標設定（ビジョニング）を関係者一同で行うことが重視されています。そこに当事者意識が生まれ、目標に向かって動き出すエネルギーとなるからです。関係者自らが、逆算して作成した道筋は、「手作りロードマップ」でもあり、その中には、非連続的変化も複線化の可能性も住民が意識していることも少なくありません。その点で、地域づくりの現場で、BCは有効な手法だと思います。

その際、あえて現状から出発しないのは、排除できない制約を肯定しつつ、その中で展望性のある目標をセットすることが意図されています。だから、しばしばBCが描く未来は前向きです。「ワクワクドキドキ心豊かに生きる」ための手法とも言われています（注5）。つまり、ここには「未来を前向きに捉える」という思想性があり、やはり、地域づくりとの親和性が高いと思われます。

ところが、このBCが、国の政策形成に取り入れられる時には注意が必要です。例えば、市町村の「圏域単位での行政のスタンダード化」などを提言して話題となった総務省「自治体戦略2040構想研究会」（第2次報告、2018年3月）はBC手法を使い、「将来の危機とその危機を克服する姿を想定した上で、現時点から取り組むべき課題を整理する」としています。簡単に言えば、政府（の研究会）が目標を定め、それに向かって地域が動く工程表を作るために、ここではBCが使われています。

しかし、政府の研究会がビジョニングを行っても、地域の当事者意識が強まるものではありません（BCの主体のすり替え）。また、そこで設定された目標には、地域住民のものではなく、「国が勝手に作った目標やロードマップになぜ付き合わなければいけないのか」という疑問が生じる可能性があります（目標設定の正統性への疑義）。そして、最も重要なこととして、そこで描かれるプロセスには、不連続な変化や複線化を最初から入れ込むことは困難でしょう。むしろ、勝手に設定された目標から、効率的に、直線上で逆算するという、乱暴なプロセスになることは充分に予想されます（「プロセス重視」の否定）。

そもそも、こうした手法をBCと呼べるのかが疑問ですが、仮にこのようなBCが導入される場合でも、地域からは、①「成長の連鎖性」、②「非連続的過程」、③「過程の複線化」が充分に組み込まれるように意識することが必要ではないでしょうか。

③地方創生の政治的持続化

本書全体として論じたように、今後の地方創生は、やはりプロセスが重視されなくてはなりません。

（注5）石田秀輝・古川柳蔵『バックキャスティング思考』ワニブックス、2018年。

そのためには、地域から見れば外的な二つの条件が必要になります。第1に、この地方創生が短期的プログラムではなく、長期のプログラムであることが保証されるべきでしょう。それにより、地域づくりのプロセスが時間に追い立てられることなく、地域の実情に応じて、丁寧に進められる可能性が高まるからです。

第2は、地方創生の重要性の政治的メッセージが常時、発信されることが望まれます。政権の事情により浮き沈みするような政策課題ではないことが論じられることは、時間を確保する上でも重要な要素だと考えられます。

その点で、「地方創生」が地方創生法（まち・ひと・しごと創生法）により法制化されていることは、実は画期的だと言えます。そこでは、①「まち」、②「ひと」、③「しごと」が、それぞれ、①国民一人一人が夢や希望を持ち、潤いのある豊かな生活を安心して営むことができる地域社会の形成、②地域社会を担う個性豊かで多様な人材の確保、③地域における魅力ある多様な就業の機会の創出と定義され、「地方創生」とは、この3者を一体的に推進することが位置づけられています（同法第1条）。それは、地方創生が、コミュニティ・人材・就業機会にかかわる、持続的・総合的施策であること、法律が定めた

図Ⅴ-3　新聞における「地方創生」の登場頻度（日本経済新聞、2013年前半~2019年後半）

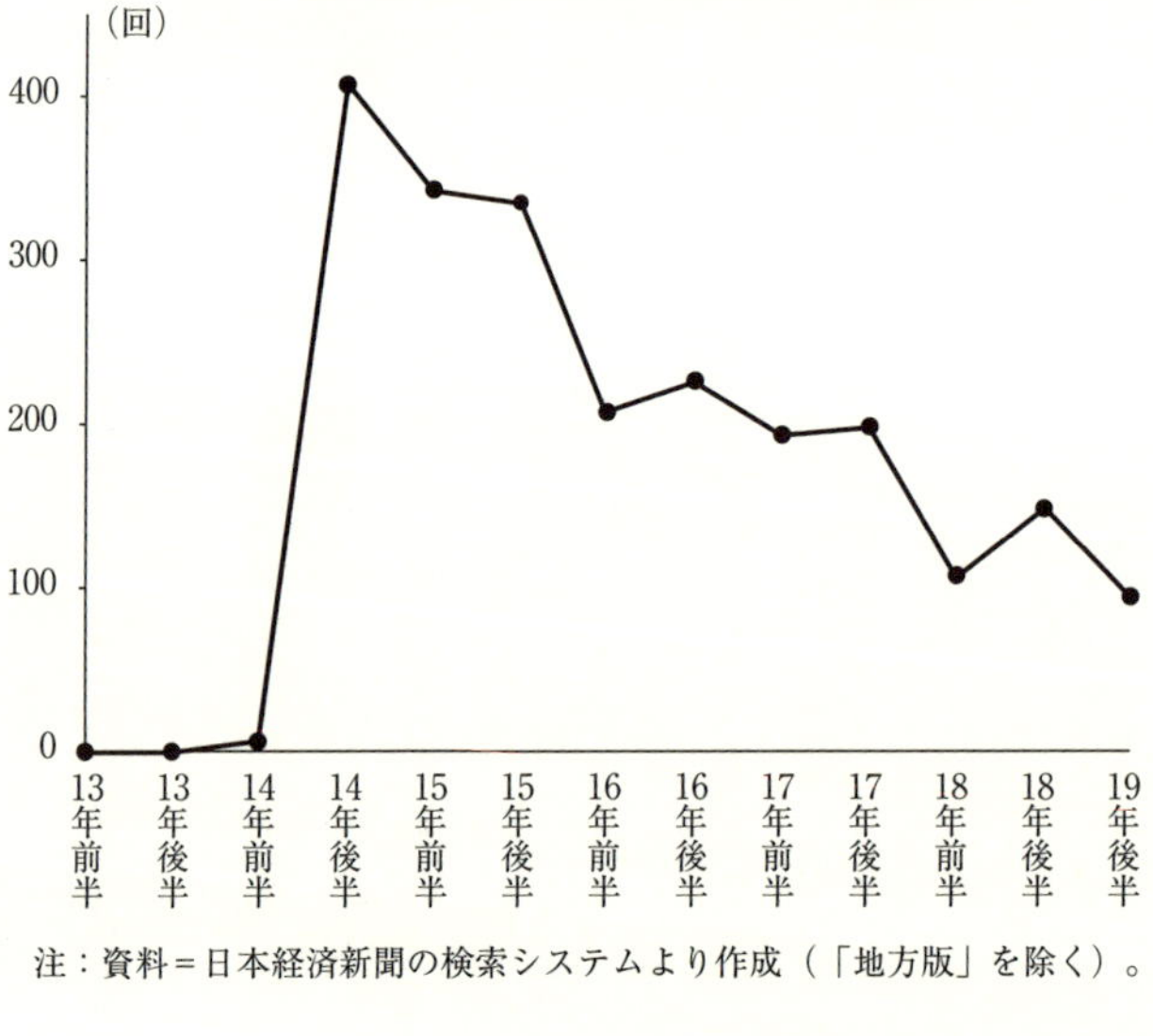

注：資料＝日本経済新聞の検索システムより作成（「地方版」を除く）。

ことだと言えます。

この点にかかわり、同法の制定に関わった当時の政策担当者は、この地方創生を、「法律で定めた以上、少なくとも一内閣や時々の政権の意向のみによって変更することはできない」(注6)と指摘しています。

こうした点の重みは、関係者のみならず、国民にもっと認識されて良いでしょう。しかし、現実には、政権の看板スローガンが、「地方創生」から、「一億総活躍社会」、「働き方改革」、「人づくり革命」と、内閣改造や選挙のたびに変転していることが、せっかくの持続的・総合的施策であるというメッセージを減衰させているように思われます。

実際、国民の関心を反映していると考えられる、新聞報道を見れば、新聞紙上（日本経済新聞）における「地方創生」という言葉の登場頻度は、それがスタートした２０１４年後半期をピークとして、年々、傾向的に減少していることがわかります（**図Ｖ－３**）。

本書で見たようなプロセス重視の取り組みの安定化、そしてそのプロセスの高品質化（連鎖化、非連続化、複線化）のためにも、改めて、政治的打ち出しが求められているのです。

（注6）溝口洋「まち・ひと・しごと創生の経過と今後の展開」『アカデミア』１１３巻、２０１５年。

〈私の読み方〉「プロセス重視」が問いかけるメッセージ

尾原　浩子（日本農業新聞農政経済部記者）

地方創生の失敗、成功とは何でしょうか？　移住者を〇人増やす、起業家を△人育成という目標を掲げていたのに、達していない自治体は失敗で、目標値を上回った自治体は成功しているのでしょうか。政府の掲げる地方創生に呼応し、若い移住者家族を1人でも多く他の自治体から〝獲得〟することが、地域の目指す地方創生の姿でしょうか。日本全体の視点で言うと、東京一極集中は依然として加速化していることを踏まえれば、地方創生は効果的ではなく失敗であり、若者たちが農山村に向かう田園回帰はまやかしなのでしょうか。

普段、私は農山村再生や農山村に向かう若者たち、農山村の課題や潮流を日本農業新聞という記者の立場で取材しています。一部マスコミでは、地方創生が「東京一極集中の是正」につながっていないから失敗であるかのように報じ、関係人口や高校でのふるさと教育などを軽んじるような主張も見受けられます。私自身、地方を取材するとき、すぐに〝見出し〟になるような結果を重視し、いわゆる先進事例で何が起きたのかのみを一面的に報じてしまうことがありました。

本書では、こうした地域づくりに関わる根本的な課題への問いを、地域に根ざしながら客観的に提示しています。本書は「まち（コミュニティ）」「ひと（人材）」「しごと」において、テーマとする「プロセス重視」の具体像を社会学、農業経済学、農村地理学の研究者が各現場に寄り添い続けてきたことから見えてきた論を記し、その上でⅤ章では創造的解題を提示し、統括しています。本書から見えてくる「プロセス重視」が問いかけるものは、その鍵を明らかにしただけでなく、地方創生を人口政策、経済政策としての側面だけでゴールを決め、せっかちに結果を急ぐ政府や行政だけでなく、マスコミにも重い警鐘を鳴らしていると感じます。本書は、政治家、行政職員、ＪＡ職員、マスコミ、そして住民や移住者それぞれの立場で「プロセス」の価値を考える契機になる一冊になると思います。

■

本書では、Ⅰ章で「時間はコストではなく投資」「課題解決ではなく主体形成」「多様な主体の協働重視」という地域づくりの現場からも上がり始めたプロセス重視の声の３要素と、Ⅱ～Ⅳ各章で「尊重の連鎖」、「段階的な成長のプロセス（非連続的過程）」「過程の複線化」とポイントを提示しています。上記のポイントは、地域づくりを模索する各現場にすべて何らかの形で共通するものだと思います。

例えばⅡ章では「プロセス重視」として青森県むつ市の旧脇野沢村に何度も通い、住民の変化や思いを丁寧に汲み取った上で「尊重の連鎖」の重要性を解説しています。当初決められていた時間を住民の思いを反映させて延長し、「尊重の連鎖」により住民の主体性が育まれるといった過程を提示しました。しかも、その主体性の創設は住民側だけに求められるものではないということを提示した点は、自治体職員ら地域づくりに関わるすべての人々が学ぶべき視点だと思います。試行錯誤を繰り返して転機を迎える中での「尊重の連鎖」はⅢ章で密着した２人の成長においても、Ⅳ章で長期的な時間軸で提示した色川地区においても共通して言えることであると推測します。

以前取材した、山に囲まれた富山県朝日町の笹川集落を例に考えてみたいと思います。笹川集落では、移住者誘致に取り組む前の２０１０年、空き家を借りて住み込んでいた20代の移住者が、大麻を所持し逮捕されるという事件が発生しました。人口３００人に満たない同集落で受け入れたばかりの移住者が地域を揺るがす事件を起こしたことへの住民の動揺は想像に難くありません。「これだからヨソモノは……」といった声も多くあったそうです。

この一件だけで見ると、笹川集落の移住者誘致は「失敗」であるといえます。しかし、集落は事件後、住民が何度も話し合いを重ね、田畑を鳥獣害から守る電気柵の維持管理や祭りの継続が住民だけでは難しくなっていることを踏まえ、移住者の受け入れを模索し始めます。プロジェクトチームを立ち上げ、特産品開発や情報発信、景観の維持などを進め、県の助成を活用して2015年には移住体験施設「さゝ郷ほたる交流館」を整備していきます。住居費を無料にするなどの移住の特典がほとんどないにも関わらず、現在、集落には家族連れを含む若い世帯が移住し始め、移住のモデル地ともされています。地域のリーダーである自治振興会の会長を務めていた小林茂和さんは「移住者の数だけにとらわれていたら、地域づくりは失敗する」と言っています。

せっかく受け入れた移住者が大麻で逮捕されるという事件から、高齢者ばかりだった集落に子供の声がこだまするまでになった現状までを簡単に書いてしまえばサクセス・ストーリーに見られがちです。しかし、そのプロセスには、ここではその詳細は述べませんが、住民だけでなく、行政職員や研究者、NPO法人、学生らが関わりあう「尊重の連鎖」があります。同町の詳細は、人口減少が進む朝日町の役場で地元紙の浜松聖樹記者が働いた体験をつづった「消えてたまるか！朝日町　記者の役場体験記」に詳報されています。この著書は希望を持ち可能性を信じて地域づくりに参画し、等身大の視点から町を記録する記者の体験記ですが、私たち記者もⅡ章で示された「尊重の連鎖」に関わる重要な役割を果たしうるのだといえます。

現在笹川集落では、移住希望者には集落に何度か足を運んでもらい、住民と話し地域のことをまずは知ってもらう機会を必ず設けるなど、足早に移住を望むことはしていません。結果的にその過程で移住を断念する人がいても、それは地域にとってマイナスではないという考え方です。一件「失敗」とみられる事件から、住民の話し合いを経て、移住希望者をすぐに受け入れるのではなく運動会などに参加してもらい、まずは関わりを深めお互いの意思を確認し合ってから受け入れるといった過程は、まさにⅢ章で紐解かれた「非連続的過程」です。その過程ごとに、さまざまな人々が関わり「多様な主体」が登場してくることも強調しておきたい点です。

さらにⅤ章「新しい地方創生へ」で記されているように、時間を掛けて、足し算と掛け算が積み重なり、住民が独自に、移住者の受け入れを進めている点は、「非連続的過程」が移住者ら「人材」だけでなく「まち（コミュニティ）」にも共通して言えることなのだと思います。

同様にⅣ章では色川地区のなりわいの歴史を分析ししごとの「複線化」を提示しましたが、複線化は「しごと」だけではなく、「ひと」「まち（コミュニティ）」でも重要な鍵となります。朝日町の移住者が入ってくるルートを見ても、役場を通じていたり、移住者が移住者を呼び込んだりと多様であり、移住者のしごとも介護職や起業家、地域おこし協力隊など多様です。これまで地域の仕事といえば、公務員もしくは給料が安定的にもらえる企業への雇用や専業農家などと考えられがちでした。また、生計を立てる方法や移住者の誘致方法は役場の紹介など、ある一定のモデルをイメージしがちでしたが、朝日町の例を見ても色川の例を見ても、これまでの「枠」に留めないことが今後の地域づくりの鍵になると思います。Ⅳ章で見い出された「複線化」を受け入れることは、違いや新しさに寛容であることでもあります。朝日町では、大麻を違法に所持していた事件をきっかけに「だからヨソモノは駄目なんだ」と移住者全体を否定し排除することはしませんでした。全体主義に陥らなかったところにも、朝日町の地域づくりの要素が伺えます。

このプロセスは他の多くの地域でも共通しています。数年前に取材した自治体では「専業農家の育成を目標に掲げていたのに、兼業農家や家庭菜園する移住者しかいない。専業農家希望者はなかなか来ない」という〝悩み〟を抱えていました。しかし、今年、その自治体を取材で訪れたところ、数年前には地域の農業発展には寄与しないと思われていた、ゲストハウスなどに取り組んでいた移住者が、地域の高齢者から畑を継業する若い仲間を呼び込み、特産品の開発にも取り組み、地域住民とともにゲストハウスを「場」として交流会や食事会などを定期的に開くなど、にぎやかな地域の創出に大きく貢献していました。Ⅳ章では、「特定の産業を発展させることで人口を維持する」ことが「農山村では必ずしも適当ではない」と結んでいます。取材する各地の実態を踏まえると、農業、福祉、観光、環境などを含めた総合型で地域の実情を踏まえた個性的ななりわいが、今、農山村各地で起きていて、複線化を認め縦割りではなく融合していくことが、結果的に特定の各産業の維持にも貢献するとも言えるのではないかと思います。

■

本書は、２０１６年のＪＣ総研（現在の日本協同組合連携機構〈ＪＣＡ〉）「都市・農村共生社会創造研究会」を起点にしています。小田切氏を座長とし、いずれも農山村を歩くさまざまな分野の研究者とジャーナリストを混成させた中堅、若手メンバーによる研究会がＪＣＡの支えを受け、３年間、議論してきた成果の賜物がこの本書であるとも言えます。研究会での議論の基軸は常に明快で、農山村の現場にありました。そして、本書のテーマでもある「プロセス」をテーマにし、２０１９年8月にはＪＣＡシンポジウムを開き、それぞれが「プロセスとはなにか」の考えを述べました。

現在、２０２０年度から始まる5カ年計画の第2期「まち・ひと・しごと創生総合戦略」策定に向けて、各地で議論が加速しています。第一期の総合戦略の検証も足早に進められていますが、本書の根本的な問いを受け止めれば、目先の結果だけで一喜一憂することがいかに本質を捉えていないかは明らかでしょう。安易に「東京一極集中が解決していないから地方創生は失敗だ」と提示しても、それで農山村再生の度合いは決して図れません。各地に足を運ぶと、「人口○人、１０年前に比べて○割減った増えた」という数字だけでは測れない課題や可能性を目にすることができます。結果だけを見て現場の潮流を無視することからは決して分からない、結果に至った背景や地域の人々が多様な主体と関わるプロセスの中に目を向けると、その段階ごとに新たな価値が育まれ、当初は想定しなかった関係や価値が生まれています。目標を提示し記録するにしても、そのプロセスを政治や行政、ＪＡなど関わる組織、そして分かりやすさに走りがちなマスコミ、報道機関が受け止め尊重することが、今求められていることだと思います。「プロセスとはなにか」、シンポジウムでそれぞれが考えたことを本書の読者にもぜひ考えてほしいです。

また、Ⅴ章では、総務省の「自治体戦略２０４０構想研究会」を挙げ、未来を悲観的に予想しそれが20年後にも迫っているとする政治的手法について問題提起しています。増田寛也氏らが中心となって作成した、若年女性（20〜39歳）の２０４０年人口を独自の方法で推計し、現状と比較して半減以上になる市町村を「今後、消滅する可能性が高い」と名指した「消滅市町村論」など、ここ数年で意図的かのように政治的な側面で繰り返される「人口減」を「煽る」主張には、本書が提示する「プロセス」が決定的に欠けています。その主張を突き詰めれば、日本には東京しか残らなくなり農業など高齢化が進む産業も衰退していきます。今必要なのは、課題を踏まえ、どのような未来を展望するかということであり、そのプロセスを重んじる過程は「地域づくり」そのものです。

シンポジウム後、改めて本書を読み、私自身、記者としてプロセスを軽視し結果を急いで煽っていたのではないかと反省しています。先進事例の視察も同様ですが、地域づくりの先進地の結果や手法を真似るのではうまくいかないことはすでに明らかになっていることと思います。今求められているのは、「プロセス場面集」を共有しその一歩をとらまえることです。そしてそのプロセスを育むには、加速化する例えば住民不在で決まる学校の統廃合といった課題に向き合うことも必要となるでしょう。各地域ごとの歩みや時間軸に寄り添いながら、農山村の維持や発展を模索するのか、人口の増減だけを性急に求め、目先の結果が出ていないものは切り捨てるのか、本書が問う警鐘をそれぞれの立場で考えることが、新しい社会づくりにもつながるのではないでしょうか。

■「都市・農村共生社会創造研究会」について

（一社）日本協同組合連携機構（JCA）では、「農山村の新しい形研究会」（2013～2015年度・座長・小田切徳美（明治大学教授））を引き継ぐ形で、「都市と農村が共生できる社会の創造」をテーマに、ソーシャルイノベーション、継業・起業、農福連携、田園回帰など、多方面からのアプローチによる調査研究を行う「都市・農村共生社会創造研究会」（2016～2018年度）を立ち上げた。メンバーは小田切徳美（座長（代表）／明治大学教授）、図司直也（副代表／法政大学教授）、筒井一伸（副代表／鳥取大学教授）、中塚雅也（神戸大学准教授）、山浦陽一（大分大学准教授）、小林元（広島大学助教）、平井太郎（弘前大学大学院准教授）、田中輝美（フリージャーナリスト）、尾原浩子（日本農業新聞記者）。研究成果は、JCA研究ブックレットの出版、シンポジウム等の開催により幅広い層に情報発信を行っている。

【著者略歴】

小田切 徳美［おだぎり とくみ］

〔略歴〕 明治大学農学部教授。1959 年、神奈川県生まれ。
東京大学大学院農学生命科学研究科博士課程単位取得退学。博士（農学）。
〔主要著書〕『農山村からの地方創生』筑波書房（2018 年）共著、『世界の田園回帰』農山漁村文化協会（2017 年）共編著、『農山村は消滅しない』岩波書店（2014 年）、『食料・農業・農村の政策課題』筑波書房（近刊）他多数。

平井 太郎［ひらい たろう］

〔略歴〕 弘前大学大学院地域社会研究科・人文社会科学部准教授。
1976 年、神奈川県生まれ。東京大学大学院総合文化研究科博士課程単位取得退学。博士（学術）。
〔主要著書〕『ポスト地方創生』弘前大学出版会（2019 年）共編著、『地域おこし協力隊』農山漁村文化協会（2019 年）共著、「分譲マンション管理をめぐる「コミュニティ」のゆくえ」『日本都市学会年報』第 47 号（2016 年度日本都市学会賞）他。

図司 直也［ずし なおや］

〔略歴〕 法政大学現代福祉学部教授。1975 年、愛媛県生まれ。
東京大学大学院農学生命科学研究科博士課程単位取得退学。博士（農学）
〔主要著書〕『就村からなりわい就農へ』筑波書房（2019 年）単著、『内発的農村発展論』農林統計出版（2018 年）共著、『田園回帰の過去・現在・未来』農山漁村文化協会（2016 年）共著、『人口減少時代の地域づくり読本』公職研（2015 年）共著他。

筒井 一伸［つつい　かずのぶ］

〔略歴〕 鳥取大学地域学部地域創造コース教授。1974 年、佐賀県生まれ・東京都育ち。
大阪市立大学大学院文学研究科地理学専攻博士後期課程修了。博士（文学）。
〔主要著書〕『新版　地域政策入門』ミネルヴァ書房（2019 年）共著、『移住者による継業』筑波書房（2018 年）共著、『雪かきで地域が育つ』コモンズ（2018 年）共編著、『田園回帰の過去・現在・未来』農山漁村文化協会（2016 年）共編著他。

JCA 研究ブックレット No.27

プロセス重視の地方創生

農山村からの展望

2019 年 10 月 24 日　第 1 版第 1 刷発行

著　者 ◆ 小田切 徳美・平井 太郎・図司 直也・筒井 一伸

発行人 ◆ 鶴見 治彦

発行所 ◆ 筑波書房

東京都新宿区神楽坂 2-19 銀鈴会館 〒162-0825

☎ 03-3267-8599

郵便振替 00150-3-39715

http://www.tsukuba-shobo.co.jp

定価は表紙に表示してあります。

印刷・製本 = 平河工業社

ISBN978-4-8119-0561-7　C0036